AF362708

COLLECTION

de feu M. J. VAN DOORNINCK, Archiviste

à Deventer. ✳ ✳ ✳ ✳ ✳ ✳ ✳ ✳

SCHUJ

1905
AVR 10

1ère PARTIE.

Médailles artistiques et historiques.
Médailles de la Réformation. ✳ ✳ ✳ ✳
Médailles de sauvetage et pour des
actes de dévouement. ✳ Médailles des
chemins de fer. ✳ Méreaux et médailles
municipales. ✳ Médailles maçonniques.
Médailles militaires et décorations. ✳
Jetons historiques. ✳ ✳ ✳ ✳ ✳ ✳ ✳ ✳

Vente publique le 10 AVRIL 1905 et
jours suivants au bureau et sous la
direction de l'Expert J. SCHULMAN,
KEIZERSGRACHT 448, AMSTERDAM,
téléphone int. 4864. Exposition le Samedi
8 Avril et le Lundi 10 Avril 1905, de
10 à 4 heures de l'après midi. ✳ ✳ ✳

CATALOGUE

d'une collection importante

de Médailles Artistiques et Historiques,

de Médailles de la Réformation,

de Médailles de sauvetage et pour des actes
de dévouement,

de Médailles de Chemins de fer,

de Médailles maçonniques,

de Médailles militaires et de décorations,

de Méreaux et de Médailles municipales

et d'une série remarquable

DE JETONS HISTORIQUES,

FORMANT LA PREMIÈRE PARTIE DE LA COLLECTION

de feu Monsieur **J. VAN DOORNINCK,**

Archiviste à Deventer,

dont la vente aura lieu au bureau

de l'Expert J. SCHULMAN,

Keizersgracht 448, Amsterdam,

le 10 Avril 1905 et jours suivants.

EXPOSITION:

Samedi 8 et Lundi 10 Avril 1905 de 10 à 4 heures
de l'après midi.

TÉLÉPHONE INTERC. 4864.

Conditions de la Vente.

La vente se fera au comptant en Florins et Cents des Pays-Bas.

Les acquéreurs paieront 10 pCt. en sus des enchères, applicables aux frais.

(1 Florin = 100 Cents = 2 Francs 10 = 1 Mark 70 Pf. = 1 Sh. 8 D. = 44 Dollarcents.)

L'expert se charge gratuitement des ordres qu'on voudra bien lui confier.

La conservation des pièces est rigoureusement indiquée par:

F.d.c. fleur de coin = every fine.

t.b.c. très bien conservée = very good.

b.c. bien conservée = good.

a.b.c. assez bien conservée = fair, ou par **beau** (fine), ou **très beau** (very fine).

Dans le cas où une contestation s'élèverait sur deux enchères, l'objet sera remis immédiatement en vente.

L'Expert se réserve le droit de réunir ou de diviser les lots.

L'Authenticité des pièces est garantie, sauf indication contraire.

La liste authentique des prix, paraîtra après la vente et sera envoyée sur demande, au prix d'un Florin.

Ordre des vacations.

Lundi le 10 Avril le soir à 7 heures précises.

SOUS PRESSE.

Collection WHITE KING, 3ᵐᵉ Partie.
Monnaies des ARABES et des MONGOLES.

**Collection CYRO AUGUSTO DE CARVALHO
de Lisbonne.**
Monnaies et Médailles de
PORTUGAL et des COLONIES PORTUGAISES.

Collection VAN DOORNINCK, 2ᵐᵉ Partie.
Collection VAN GELDER de la Haye.
Collection Dr. L. R. BUNNIK à Utrecht.
Collection LYMAN H. LOW.
Monnaies de l'EUROPE, de l'ASIE et de l'AMÉRIQUE.
Monnaies OBSIDIONALES.
Monnaies et Médailles de l'AMÉRIQUE du SUD et CENTRAL.
Petite série de Médailles historiques.

Dont les ventes auront lieu au mois de Juin prochain.

MÉDAILLES HISTORIQUES,
Collection J. van Doorninck.

1 **Jesaia prophète juif.** Buste du prophète à dr. IESAIAS . FILIVS .
AMOZ . PROPHE . IVDE . SVB . EZECHIA . MDXXX6. Rev. Jesaia mar-
chant à g. dans le lointain une ville, en haut soleil, étoiles et la lune.
Médaille par C. W. (Wermuth). Mm. 41. Ar. gr. 14. Belle.

2 1415. **Autodafé de Jean Huss.** Son buste à dr. entre IOĀ-HVS, en-
touré d'une légende. Rev.· Huss sur le bûcher entouré d'une double
légende, CENTVM . REVOLVTIS . ANNIS . DEO . RESPVNDEBITIS .
ET MIH. ANNO . lég. int. CHRISTO . NATO 1415. — IO HVS.
CONDEMNATVR. Sans lég. dans le champ. Mm. 38, manque à van
Mieris. Vermeil t.b.c.

2*a* — **Jean Huss.** v. Mieris I p. 24 n. 1. Mm. 40. Ar. b.c.

3 1446. **Sigismundo Pandulfo Malatesta,** Seigneur de **Rimini.** Son buste
à g. par Matteo de Pasti. Rev. Le château des Rimini. Armand I p. 20.
n. 12. Mm. 80. Br. Coulée. b.c.

4 **Alphonse V, roi d'Aragon, de Sicile et de Naples,** mort en 1458.
Sa tête à dr. par *Paolo de Ragusio.* ALFONSVS REX ARAGONVM.
Rev. Une femme drapée debout à g. OPVS PAVLI DE RAGVSIO.
Armand I, p. 26. n. 2. Mm. 42. Bronze b.c. trouée.

5 **Eléonore de Portugal.** femme de **Frédéric III.** empereur d'Allemagne. mort en 1467, LEONORA . FILIA . EDVARDI . REG .
PORTUGAL . FRID . III . IMPER . UXOR . Eléonore assise de
face sur son trône. Rev. Grande rose entourée d'une double légende. v.
Mieris I, p. 65, n. I. Armand II, p. 39, n. 52. Mm. 52. Ar. Belle, Rare.

6 1474. **Frédéric de Montefeltro, duc d'Urbino,** chevalier de l'ordre de
la Jarretière. Buste cuirassé du duc, tête nue, à g. *hony* ☐ *soyt* ☐ *qy*
☐ *mal* ☐ *y* ☐ *pense.* Rev. Quatre genies portant aigle FE — DVX.
Medallic Illustrations I, p. 16, n. 1. Armand II, p. 36, n. 97. Mm. 110. Br. t.b.c.

7 1479. **Maximiiien d'Autriche et Marie de Bourgogne.** Médaille coulée au buste de **Maximilien** à dr. et au revers de **Marie** à. g. v. Mieris I,
p. 152, n. 1. Mm. 43. Br. argenté, t.b.c.

8 1486. **Maximilien d'Autriche** et **Marie de Bourgogne.** Son buste
couronné avec sceptre et palme à dr. daas une double légende. Rev.
Buste couronné de **Marie** à g. v. Mieris I, p. 184, n. 1. Mm. 49. Ar.
Coulée, t.b.c. trouée.

9 S. d. **Ferdinand V d'Aragon, roi d'Espagne** dit le Catholique
1474—1516. Son buste à g. coiffé d'un bonnet DIVVS + FERDINANDVS
+ CATHOLICVS + HISPANORVM + REX + S + RO + ECCLESIE +
PROTECTOR. Médaillon uniface. Armand II, p. 135, n. 1. Mm. 118.
Br. t.b.c. troué.

10 1518. Médaille de **Jacob II Fugger**, mort en 1525. Son buste en bonnet
à g. IAC : FVGGER : AVGVSTA : VIN : ANNO : DNI : 1518 ·:· Rev. Mercure et Neptune debout couronnés par Apollon ADSIT-APOLLO. Mm.
38. Ar. gr. 14.5 t.b.c. fort rare.
   Voir la reproduction.

11 S. d. **Friedrich III de Saxe**, Médaille au buste en bonnet à dr. dans
la légende quatre écussons aux armoiries. Rev. Aigle éployée et légende
au titre de Maximilien roi romain, revers de v. Mieris II, p. 89. Cat
Schulth. 4407. Mm. 43. Ar. gr. 29·5 t.b.c.

12 1519. Médaillon uniface au buste du célèbre **Erasme de Rotterdam**
en bonnet à g. ER. — ROT. dessous 1519 à l'entour IMAGO AD VIVÂ
EFFIGIE EXPRESSA THN KPEITTO TA ΣΥΓΓΡΑΜΜΑΤΑ ΔΕΙΞΕΙ :
v. Mieris II, p. 94. Mm. 105. Bronze t.b.c.

13 1531. **Erasme de Rotterdam**, Son buste en bonnet à g. entre ER-RO.
Rev. LINEA × RERVM × — MORS × VLTIMA. v. Mieris II, p. 450.
Mm. 33. Ar. gr. 9.5 t.b.c.

14 1534. **Johan Friedrich de Saxe.** Médaille (Double Thaler) au buste
nu à dr. tenant de ses deux mains une glaive IOÀNNS ⊠ FRIDERICVS ⊠
ELECTOR ⊠ DVX ⊠ SAXONIE ⊠ FIERI ⊠ FECIT. Rev. Armoiries
heaumées SPES - MEA - IN - DEO - EST - 1.5.3.4. Reimmann 4465. Cpz.
v. Mieris II, p. 419 n. 2. Mm. 50. Vermeil gr. 54.5 t.b.c.

15 1535. Médaillon au buste en barrette à dr. d'**Albert** margrave de **Bran-
debourg** archévêque de **Mayence** DOMINVS ✿ MIHI ✿ ADIVTOR ✿
QVEM ✿ TIMEBO ✿ ANN ✿ AET ✿ 45 ✿. Sous le buste dans le champ
HR (Hans Reinhart). Rev. Armoiries sous le chapeau de cardinal, à côté
des supports. ALBERT ○ CARD ○ MOG ○ ARCHIEP ○ MAGD ○
HALB ○ ADM ○ MARC ○ BRAND ○ ZC ⊠ 1535 ⊠ Mm. 60. Ver-
meil, gr. 55.5. Très belle et fort rare.
   Voir la reproduction.

16 — **Jean Frédéric de Saxe.** Renouvellement de la Ligue de Smalkalde.
Son buste presque de face tenant glaive. Rev. Armoiries heaumées. v.
Mieris II, p. 419 n. 1. Mm. 64. Ar. gr. 64. t.b.c.

17 1537. **Charles V.** Médaillon au buste à dr. richement drapé et en bonnet
portant sceptre CAROLVS . V . DEI . GRATIA . ROMAN . IMPE-
RATOR . SEMPER . AVGVSTVS . REX . HIS ANNO . SAL . M . D .
XXXVII. ÆTATIS . SVAE. XXXVII. Double aigle couronnée portant
armoiries, entre les colonnes d'Hercule dans le champ PL — VS —
OVL — TRE. Belle médaille par Hans Reinhart. v. Mieris II, p. 466, n. 1.
Mm. 64. Ar. gr. 83.5. Rare.

18 1538. L'adoration des Rois Mages, sous une toit, la Sainte famille et
deux vaches, dans le lointain une église, signée sur le bac des vaches HR
(Hans Reinhart) et M - D - X - X - X - VIII, dessous INVENERVNT.
PVERVM . CVM . MARIA - ADORAVERVNT . ET . OSTVLE . — RVNT
etc. le tout entouré d'une couronne de feuilles. Rev. Dieu parlant à

Moïse dans le buisson, derrière Moïse debout un arbre et troupeau,
dessous DOMINVS . MOYSI . DE . RVBRO — LOQVITVR . ET . IN .
EGIPTVM · MITTIT etc. Le tout entouré d'une couronne de feuilles.
Superbe travail par Hans Reinhart. Mm. 68. Ar. gr. 56. Belle.
  Voir la reproduction.

19 S. d. Médaillon oval aux bustes cuirassés, accolés à dr. de **Charles V**
empereur **d'Allemagne** et de son fils **Philippe II**. Rev. Bustes cuirassés,
accolés à dr. de **Henri II de France** et de son fils **François II**. Sans
légendes. Mm. 28—34. Bronze. t.b.c. petit trou.
  Monsieur van Doorninck a fait reproduire cette médaille dans sa brochure „Ge-
  denkpenningen uit de penningkas van een liefhebber, Deventer 1833."

20 S. d. Médaille aux bustes accolés à dr. de **Charles V** et **Philippe II**
Rev. Les colonnes d'Hercule. Médaille au buste de **Cathérine de Me-
dicis** reine de **France** à g. Médaille au buste de face de **Charles IV**.
Haupt des Luzelburg. Herrscherstamm in Brandenburg. 3 médailles postérieures en bronze.

21 1550. **Iorg Ebner.** Son buste barbu cuirassé à dr. JORG EBNER .
ÆTATIS SVE . 24 . ANNO . M. D. L. Rev. Ses armoiries sans légende.
Belle médaille coulée. Mm. 44. Bronze argenté.

22 1555. Médaille au buste de **Maria I**, reine de **Hongrie** et de **Bohème**.
v. Loon I p. 5. 1567. Départ de **Marguérithe de Parme**. Buste de
face. Rev. Violon. v. Loon I holl. p. 107 fr. p. 105. Deux médailles
postérieures de Mm. 59. Ae. Belles.

23 — **Philippe d'Espagne** et **Marie d'Angleterre**. Buste de Philippe à
dr. lég. gravée PHILIP . HISP . REX. Rev. Buste de **Marie d'Angleterre** à g. lég. gravée MARIA . ANG . REG. Médaille postérieure inédite.
Mm. 45. Ar. gr. 42.5. Belle pièce intéressante.

24 1556, 1559 et s. d. Trois médailles postérieures au buste de **Philippe II**.
Br. Lot intéressant.

25 1557. **Philippe II, roi d'Espagne et des Indes, comte de Hollande,
Zélande etc.** Son buste cuirassé à g. par Poggini PHILIPPVS . D . G .
ET . CAR . V . AVG . PAT . BENIGNIT . HISP . REX. 1557. Rev. Her-
cule portant globe VT QVIESCAT . ATLAS. v. Loon I p. 8 n. 2. Armand
I p. 238 n. 1. Mm. 42. Br. t.b.c. Petit trou.

26 1562. **Antoine Perrenot cardinal Granvelle.** ANT . S . R . E . PBR .
CARD . GRANVELLANVS. Son buste à dr. Rev. DVRATE. Vaisseau
dans une tempête. Médaille ovale v. Loon I holl. p. 59 fr. p. 58 n. 3.
Mm. 28—34. Br. doré. t.b.c.

27 1566. **Médaille des Gueux.** Buste de **Philippe II** à g. EN . TOVT .
FIDELLES . AV . ROY. Rev. Deux mains jointes tenant besace dans le
champ 1—5—6—6 et entouré de la légende IVSQVES ꞉ A ꞉ PORTER .
LA . BESACE ꞉·꞉ v. Loon I holl. 85. fr, 84 n. 3, avec bélière. Mm. 25—32.
Ar. Belle.
  Voir la reproduction.

28 — **Médaille des Gueux.** Buste de **Philippe II** à g. fort en relief. EN .
TOVT . FIDELLES . AV . ROY. 1566. Rev. Deux Seigneurs nobles debout
IVSQVES ○ A ○ PORTER ○ LA ○ BESACE, dans le champ V L G
(Vive les gueux). Compz. v. Loon I p. 85—84 n. 4. Mm. 26—29. Ar. Belle.
  Voir la reproduction.

29 1566. **Médaille des Gueux.** Buste de Philippe II à g. dessous 1566
lég. EN.TOVT.FIDELLES.AV.ROY. Rev. Deux mains jointes tiennent une besace IVSQVES.A.PORTER.LA.BESACE. v. Loon I
holl. 85, fr. 84.5. Mm. 24—28. Vermeil t.b.c.

30 — **Médaille des Gueux** postérieure. Son buste à dr. Rev. Deux Nobles
debout. Mm. 32—39. Etain t.b.c. Pièce curieuse.

31 — **Médaille du parti espagnol.** Buste du Sauveur SALVAT. — MUNDI.
Rev. La Madone N. DAM. — DE.HAL. Compz. v. Loon I holl. p. 88,
fr. p. 87 n. 1. Ar. Coulée t.b.c.

32 — Même pièce SALVAT — OR.MUNDI et au rev. . N.DA. — D.HAL.
Compz. v. Loon p. 88—87 n. 2. Ar. coulée t.b.c.

33 1566. Médaille contre l'Inquisition. Buste de la gouvernante **Maguerite
d'Autriche** à dr. Rev. Le lion hollandais sous la presse de l'Inquisition.
v. Loon I, holl. 75, fr. 74. Mm. 60. Br. Belle. Postérieure.

34 1567. **Marguerite d'Autriche** gouvernante des Pays-Bas. Son buste
drapé à dr. MARGARETA.AB.AVSTRIA.D.P.ET.P.GERM.
INFER.G. Rev. La Victoire sur un rocher au milieu des flots A.DOMINO
FACTVM.EST.ISTVD. v. Loon I, holl. p. 99, fr. p. 97 n. 2. Mm. 33.
Ar. gr. 10.5. Belle médaille coulée.

35 — **Albericus comte Lodron,** seigneur de **Morsac** colonel des troupes
allemandes sous **Philippe II.** Son buste à dr. dessous 1567 A.L.C.
M.D. — .PH.H.R.G.C. Rev. HIS TANDEM. Dextrochère tenant
glaive. v. Loon I, holl. 101, fr. 99. Revue Belge 1874 pl. XV, 7. Mm. 29.
Br. Belle.

36 1568. **Henri de Brederode,** chef des Nobles, qui ont offert la pétition
à la gouvernante **Maguerite d'Autriche** HENRIC XXI BREDEROD.
DOMINUS.NAT.1531 OB 1568. Son buste cuirassé de face tourné à dr.
Rev. La pétition offerte dessous CCCC NOB SUPPLICES MDLXVI D
5 APRIL et à l'entour QUI.VULT.AMARI.LANGUIDA.REGNET
MANU., par Schoenmaker. v. Loon I, holl. p. 80, fr. p. 79. Mm. 81.
Br. Belle. Rare.

37 S. d. **Bohême. Maximilien roi.** Plaquette uniface en étain au buste
en uniforme à g. MAXIMILIANVS.D — .G.BOHE.REX. Mm. 37.
Etain. Belle. Petit trou.

38 — **Amaury prince de Gavre comte d'Egmont** et **Philippe de
Montmorency comte de Hornes** décapités par le duc d'Albe. Buste
du comte d'**Egmont** à g. presque de face. Rev. Buste du comte de
Hornes à dr., avers de v. Loon I, p. 118 et p. 119. Mm. 63. Ae. Coulé. t.b.c.
Y ajouté plaquette coulée au buste de **Louis de Nassau.** v. Loon I,
holl. 117, fr. 115. Ae. t.b.c.

39 — **Victoires du duc d'Albe** sur le prince d'**Orange.** Buste de Toledo
à g. Rev. Deux Génies tiennent des couronnes. v. Loon I, holl. p. 125,
fr. p. 123 n. 1. Mm. 40. Ar. coulée b.c. — 1570. Buste du duc d'**Albe**
à dr. Rev. Chandelier allumé DEO ET REGI. v. Loon I, holl. 136, fr.
134. Mm. 38. Etain t.b.c. 2 ps. intéressantes.

40 (1570). Plaquette uniface au buste de Philippe II à g. PHILIPPVS.II.
HISPAN.ET.NOVI ORBIS OCCIDVI REX et plaquette uniface au buste
d'**Anna d'Autriche** à dr. ANNA.REGINA PHILIPPI.II.HISPAN.
REGIS CATHOL. Deux plaquettes en mémoire de leur mariage. Compz.
v. Loon I, holl. 138, fr. 131 n. 1. Mm. 39. Br. Belles et rares. 2 pièces.
Voir les reproductions.

41 1571, **Le** drapeau consacré par le pape offert par le **Cardinal Granvelle
à don Juan d'Autriche nommé grand amiral des flottes espagnoles,
du pape et de Vénise.** Buste d'**Antoine Perrenot cardinal Granvelle**
à g. signé ...MELON . F lég ANT . S . R . E . PER . CARD . GRANVEL-
LANVS. Granvelle offre le drapeau à Don Juan IN HOC VINCES. v.
Loon I, holl. 141, fr. 138 n. 1, mais avec le buste à dr. voir aussi Armand
I, p. 265 n. 10, par Jean Melon. Mm. 43. Br. doré, t.b.c. Rare.

42 1573. **Combat sur le Zuyderzee,** l'amiral **Bossu** fait prisonnier. Vue
du combat naval. Rev. Légende en 9 lignes. Belle médaille de 1620 par
C. Wyntges. v. Loon, I holl. 170, fr. 168 variété avec la date 1615. Mm.
60. Ar. gr. 52. Belle.

43 1574. **Croissant porté par les Gueux de mer** EN . DE SPIT — DE .
LA . MES. Rev. LIVERTURCX * DAN PAUS. Compz. v. Loon, holl.
192, fr. 190, n. 1. Ar. Belle. Rare.
Voir la reproduction.

44 — **Croissant porté par les Gueux de mer,** variété de van Loon I,
p. 192—190 n. 1, avec légende gravée EN DESPIET DE LA MESSE
et LIVER TVRIX ALS PAVSEN. Ar. Belle. Rare.
Voir la reproduction.

45 — Même médaille, moins belle et un peu plus petite. Ar.

46 — Croissant uniface sans légende. Mm. 22. Bronze.

47 — Croissant énorme d'environ 1820. Mm. 64. Ae argenté, y joint croissant
Ae argenté et autre en plomb et médaille des Gueux en vermeil, coulée.
Lot intéressant.

48 — **Leiden délivrée du siège des Espagnols.** L'armée de Sanhérib.
Rev. Vue de la ville. v. Loon I, holl. 195, fr. 193. Mm. 47. Ar. gr. 35.5. Belle.

49 (1577). **L'Edit éternel signé à Bruxelles.** Médaille dans un encadrement renaissance, voir v. Loon I, holl. 234, fr. 230 n. 1. Mm. 54. Ar.
gr. 21. Coulée t.b.c.

50 1577. **Bois-le-Duc** délivrée des troupes étrangères. Armoiries de la ville.
Rev. CIVIT — BVSCID . MI — LITE . EXT . A — FOEDERAT . BEL . —
GII . ORDINIB . — LIBERATA — ZI . SEPTEB — 1577. v. Loon II, holl.
176, fr. 174. Mm. 42. Etain, t.b.c. Rare.

51 S. d. En mémoire du succès du commerce espagnol aux Indes. INDIA
RELIQVVM DATVRA. L'Inde en forme d'une femme suivie de plusieurs
personnes, offre une globe à un navire (la navigation espagnole). Rev.
NICA NI LA. Un ange tenant balance au-dessus d'une ville. Médaille
dans un encadrement renaissance. Compz. pour le revers v. Loon I,
holl. 288, fr. 283 n. 1. Mm. 51. Ar. gr. 19 t.b.c.

52 — **Médaille d'Amsterdam.** Guillaume comte de Hollande donne des
armoiries à la ville COM . WILH . HOC . INSIGNE AMSTELODAMO .
DONO . DEDIT 13—42. Rev. L'empereur Maximilien donne à la ville le
droit de porter la couronne impériale C.ES . MAX . CORONAM . IMP . —
DONAVIT . AMSTELODAMO 14—88. Superbe médaille repoussée par
van Abeele. Décrite dans van Loon I, holl. 254, fr. 250. Mm. 82. Ar. gr. 94.
Rare. Belle.

53 — Même médaille en étain b.c.

54 1578. **Jean Baptiste Houwaert de Bruxelles**. Son buste à dr. sur
le cou 1578, lég.: IAN BAPTISTA HOVWAERT . ÆT . 45. Rev. HOVDT .
MIDDELMATE. Des Instruments, aigle, tortue, écuelle etc. v. Loon
fr. 240, holl. 245 n. 2. Mm. 33. Br. t.b.c. Rare.

55 S. d. **Rudolphe II empereur d'Autriche roi de Bohème**. Son
buste lauré, drapé et cuirassé de face tourné à g. RVDOLPHVS II
ROM IMP AVG REX HVNG BOE. Rev. FVLGET CÆS ASTRVM.
Capricorne sur le globe, en haut aigle, dans le champ, une étoile. Compz.
Donnebauer pl. XXVII n. 1385. Ovale. Mm. 44/35. Ar. gr. 19 b.c. Rare.

56 1580. En mémoire du commerce fortuné des Espagnols aux Indes. Buste
de Philippe II à g. PHILIPPVS . II . HISPAN . ET . NOVI ORBIS
OCCIDVI REX. Rev. INDIA RELIQVVM DATVRA. Une femme, India,
suivie de personnes, offre une globe à un vaisseau (navigation espagnole).
v. Loon I, fr. 283, holl. 288 n. 1, Betts n. 12. Mm. 39. Br. Coulée t.b.c. Rare.

57 1587 **Robert Dudley comte de Leicester**. Médaille coulée en argent
au buste de face. Rev. Chien avec troupeau de brebis. v. Loon I, holl. 382,
fr. 375, n. 2. Med. Ill. I p. 141, n. 102 var. Mm. 50. Ar. gr. 35. Y ajouté
une plaquette coulée au buste de **Mendoça**. v. Loon I, holl. 522, fr. 509.
Uniface. Bronze.

58 1588 **L'Armada espagnole détruite**. Vue de la flotte espagnole. Rev.
Eglise sur un rocher au milieu des flots. v. Loon I, holl. 392, fr. 386.
Med. Ill. I, p. 145 n. 112. Mm. 52. Ar. Belle.

59 — **L'Armada espagnole détruite**. Conseil du pape, du clergé etc.
Rev. La flotte espagnole détruite contre les rochers. v. Loon I, holl. 390,
fr. 388, n. 1. Med. Ill. I, p. 144 n. 111 dans un encadrement du temps.
Mm. 58. Ar. gr. 36. t.b.c.

60 1590 **Surprise de Bréda**. v. Loon I, holl. 409, fr. 403. Ar. coulée. —
1591 Préparations pour la guerre sur terre et sur mer. v. Loon I, holl. 418,
fr. 411, n. 1. Ar. coulée. 2 ps. gr. 32.5.

61 S. d. Médaille ovale au buste de **Florent de Pallant** comte de **Culen-
borg**. Rev. Ses armoiries, coulée post. v. Loon I, holl. 115, fr. 114.
Y ajouté médaille coulée de Dominic Fontana de 1586. 2 ps. Ae.

62 1593 **Prise de Gertrudenberg par le prince Maurice**. Plan des
forteresses. Rev. Lég. dans un cartouche. v. Loon I, holl. 437, fr. 430.
Mm. 43. Ar. gr. 32. Belle. Avec bélière.

63 — **Vigilance de l'archiduc Mathias**. Son buste cuirassé à dr., signé
C.B.F (Conrad Bloc) MATTHIAS . D . G . ARCHI . AVST . D . BVRG .
CO . TY. Rev. Cigogne debout près des armes et armures AMAT .
VICTORIA . CVRIM entouré d'une couronne de laurier, dessous 15—93.
Dirks, Penn. Rep. 688, de Vries en de Jonge pl. VII, 3. Mm. 35. Br.
t.b.c. Rare.

64 1597 **Victoire de Turnhout**. Trophée d'armes et noms des villes prises
par le prince Maurice. Rev. Légende en 9 lignes. SIGNIS . ADTVRN-
HOVT etc. v. Loon I, holl. 497, fr. 485 n. XI. Med. Ill. I, p. 168 n. 157.
Mm. 52. Ar. gr. 45.5. Belle.

65 — **Victoire de Turnhout**. Vue de la bataille. Rev. Vue des villes
prises ALPEN . BERG . MEVRS . GROL . BREVORT . ENSCH . OLD .
OTM . LINGEN. v. Loon I, holl. 494, fr. 482, n. 1. Med. Ill. I, p. 170
n. 163. Mm. 50. Ar. gr. 46. Belle et rare.

66 1598 **Philippe II roi d'Espagne et de Portugal**. Son buste en bonnet
richement drapé à g. portant sceptre, par Conrad Bloc. Rev. Armoiries
couronnées avec Portugal en surtout. v. Loon, fr. 496, holl. 508. Mm. 69.
Br. Belle. frappe moderne.

67 1600. **Victoire de Maurice sur les Espagnols près de Nieuport**.
Le prince Maurice à cheval sur le champ de bataille. v. Loon I, holl.
548, fr. 535 n. I. Med. Ill. I, p. 174 n. 171. Mm. 45. Ar. gr. 49. t.b.c.

68 — Même médaille coulée et médaille de mariage coulée dans un encadrement. 2 pièces. Ar. gr. 40.

69 1601. **Prise de Rhinberck**. Médaille coulée, comme le jeton v. Loon I,
holl. 558, fr. 542. Mm. 58. Ae. t.b.c.

70 1602. **Prise de Grave**. Médaille des Etats d'Utrecht. v. Loon I, holl.
567, fr. 551 n. 2. Mm. 48. Ar. gr. 33.5 b.c.

71 — **Prise de Grave**. Médaille coulée au buste du prince Maurice à dr.
v. Loon I, holl. 569, fr. 553 n. 1. Med. Ill. I, p. 180 n. 181. Ar. b.c.

72 — **Prise de Grave**, victoire de cavalerie près de **Maestricht** et défaite
de la flotte espagnole sous **Spinola**, par la flotte anglo-hollandaise.
v. Loon I, holl. 571, fr. 555. Med. Ill. I, 179 n. 180. Mm. 54. Ar. gr. 53.5.
Rare, brunie.

73 1604. Mort de Pieter Adriaanszn. van der Werf, le célèbre bourgmestre
de Leiden pendant le siège, par Bemme. Mm. 48. Br. Belle.

74 1609. **Trêve de douze ans et triple alliance**. Traité entre **la Hollande,
la France et l'Angleterre**. Trois coeurs juxtaposés. v. Loon II, p. 50
n. 4. Franks I, p. 198 n. 25. Mm. 53. Ar. gr. 50. Belle.

75 1610. **Prise de Juliers par le prince Maurice**. v. Loon II, p. 71 n. 1.
Mm. 49. Br. coulée t.b.c.

76 1613. Mariage de **Frédéric comte du Palatinat** et de la **Princesse
Elisabeth d'Angleterre**.
a. Superbe plaquette au buste du comte, cuirassé et richement drapé à dr.,
sous le buste 1613. ✳ FRIDERICVS D : G . COM . PAL ○ R ○
S ○ ROM ○ IMP ○ ÉLECTOR DVX ○ BAVA. Le tout entouré d'une
riche bordure. Mm. 36.
b. Superbe plaquette au buste de la princesse de face, richement orné de
diamants, perles et de dentelles ELISABETHA D : G . COM . PAL . R.
S . ELEC . INFANS . MAGNÆ . BRITAN . D : B ○ , le tout entouré d'une
bordure. Deux superbes plaquettes en argent, de vrais chef d'oeuvres.
Compz. v. Loon II, holl. 88, fr. 89 n. 2. Med. Ill. I, p. 202.33, fort rare.
Voir la reproduction.

77 Médaille au buste lauré de **Frédéric comte du Palatinat. roi de
Bohème** à dr. ✳ FRID . D . G . REX . BOH . COM . PALAT . R . ET P .
ELECTOR . Rev. Buste drapé d'**Elisabeth reine de Bohème** à g. ELIZ .
D . G . REG . BOH . FIL . IAC . REG . MAG . BRITAN . sous le buste
1641. Med. Ill. I, p. 230 n. 89. Mm. 48. Bronze t.b.c. Rare, coulée.

78 1619. **Synode de Dordrecht**. Vue de la salle, mais sans le petit chien.
v. Loon II, 105 var. Méd. Ill. I, p. 222 n. 77. Mm. 58. Ar. gr. 77. Belle.

79 — **Synode de Dordrecht**. Méd. aux armoiries du prince **Maurice**.
Méd. Ill. p. 224 n. 80. v. Loon II, holl. p. 112, fr. p. 111. Mm. 58. Ar.
gr. 57. Belle.

80 1619. **Décapitation de Johann van Oldenbarneveldt.** Son buste de
face tourné à dr. Rev. Lég. en 6 lignes v. Loon II, 109.3. Mm. 46. Ae. b.c.

81 — **Fuite d'Uytenbogaard**, ministre remonstrant. Médaille satirique
par C. Wyntjes. Le fable du lion et renard QVIA × ME × VESTIGIA ×
TERRENT. v. Loon II, holl. 111, fr. 112. Mm. 58. Ar. gr. 49. Belle. Rare.

82 1621. **Philippe IV inauguré roi d'Espagne.** Son buste cuirassé à dr.
PHILIPPVS . IIII . HISPANIAR . REX. Rev. Apollon dans son quadrige
au-dessus du globe. LVSTRAT . ET . FOVET. v. Loon II, 133 n. 1. Mm.
51. Br. t·b.c. Rare.

83 1622. Médaille en mémoire des **avantages remportées dans les deux
Indes.** VERRIT TVRBIDA NAVTA EQVORA vaisseau en pleine voile.
Médaille des Etats de Westfrise frappée en piedfort. Voir van Loon II,
p. 55. v. Coevorden, liste de médailles ayant rapport aux Indes n. 85.
Mm. 49. Ar. gr. 56. Belle.

84 — **Mort d'Albert d'Autriche**, gouverneur des Pays-Bas. Le cortège
funèbre. v. Loon II, holl. 141, fr. 140. Mm. 45. Ae. Coulée, portative.

85 — **Siége de Bergen-op-Zoom.** Les gardes civiques de Harlem sous
leurs capitaines Olican et van der Camer en garnison à Hasselt. v. Loon
II, holl. 147, fr. 146 n. 1. Mm. 49. Ar. gr. 24. t.b.c.

86 — **Siége de Bergen-op-Zoom.** Buste du prince **Maurice** de face tournée
à g. MAVRITIO D . G . PRINC . AVRAI . COM . NASS . EC., sous le buste
P . V . A . F. (par van Abeele). Rev. Le prince à cheval à g. dans le
lointain vue de Bergen op Zoom MAVRICI AVXILIVM PR.ESTANS
VICTORIA BERGIS v. Loon II, 149 n. 1, Mm. 67. Ar. gr. 75. Belle. Rare.

87 1622. **Siége de Bergen-op-Zoom.** Plan des fortifications de la ville
BERGEN-OP-ZOOM HISP . FVG . 2 . OCTB . ANNO . 1622. Rev. Trophée
d'armes HOSTIBVS × MAVRITIO × DVCE × FVGATIS × IEHOVÆ ×
VICTORIA. ⊕ v. Loon II, p. 149 n. 20. Mm. 56. Ar. gr. 55.5. Belle.

88 — **Siége de Bergen-op-Zoom.** Médaille miniature. Deux sauvages
tenant les armoiries de Bergen op Zoom. ⊕ FAVSTO . NVMINE .
BERGA . VICTRIX. Rev. Le lion hollandais AVXILIIS . PROTECTA-
TVIS . 3 . OCT . 1622. v. Loon II, p. 151 n. 4. Mm. 32. Ar. gr. 15. Coulée,
t.b.c. Rare.

89 S. d. **Maurice de Nassau prince d'Orange.** Plaquette ovale gravée
vraisemblablement par *Simon van de Passe* au buste casqué et cuirassé
de face de **Maurice de Nassau-Orange.** ∾ MAVRITIVS + AVRI +
PRINC + COM + NASS + CAT + VIA + DI + MV + M + VE + F. Plaquette uniface en argent. Superbe travail. Mm 45—55.
   Voir la reproduction.

90 — **Maurice de Nassau prince d'Orange.** Plaquette ovale gravée
au buste nu, cuirassé de face tourné à dr. du prince **Maurice.** ILL .
ET . EXC : PR : MAURITIUS : PRI : AUR : CO : NAS : CAT : MU : I : B :
DI : GRA : etc. MARC . VE . VL : BUR : ANT : etc. AU . PER : EQ : IMP et
CAP : G : EXE : NOS : DD : OR : FOE : BEL : GUB : GEL . HOLL : ZEL :
WE : ULT : TRAN. Rev, Armoiries de Maurice entourées de la Jarretière
en haut IE . MAINTIEN — DRAI NASSOU, en bas *Tandem fit surculus
arbor* signée Simon Passaeus sculpsit Lo. Franks II, p. 715 n. 2. Oranje
Penningen 156 Mm. 49/61. Etain, fort rare.

91 — Médaille en buis au buste d'un homme agé à dr. portant bonnet.
Mm. 55. Beau travail.

92 1624. **Urbain VIII** pape. Buste drapé à dr. Rev. Le Justice assise PAX.
IN . VIRTVTE TVA. Mm. 33. Ar. t.b.c.

93 — **Victoires en Brésil et en Pérou**. Victoires des Hollandais sous leurs
amiraux l'**Hermite et Willens** sur les côtes de **Brésil** et de **Pérou**.
Buste du prince Maurice cuirassé à dr. presque de face, entouré de la
lég. *Mauritius D. G. Princeps Auriacae Com. Nass. &c. prov. confoe. Gub.,*
le tout entouré des armoiries des provinces. Rev. Les armoiries du prince
Maurice entourées de la Jarretière. v. Loon II 155, Betts p. 10 n. 22.
Mm. 69. Ar. gr. 76. Superbe et rare.
Voir la reproduction.

94 1629. **La flotte espagnole, dite d'argent, prise par l'amiral Piet
Hein** dans la baie de **Matanzas**. Plan des Indes occidentales. Rev.
Vue des flottes et légende. v. Loon II, holl. 173, fr. 171 n. 2. Betts 23.
Mm. 64. Ar. gr. 82.5. Belle.

95 — **La flotte d'argent prise par Piet Hein**. Vue des flottes. Rev.
Légende. Toute autre gravure que v. Loon II, p. 173—171 n. 3. Comme
Betts 25. Mm. 58. Ar. gr. 66.5. Belle.

96 1630. **Brésil, Prise de Pernambuco, de la flotte d'argent**, *Bois-le-Duc,
Grol, Wesel*. Buste du prince **Frédéric Henri** couronné par deux génies,
dessous vue de Bois-le-Duc. Rev. Les armoiries des provinces-unies en
dessous vue des villes et de la flotte prise, de Cavalcanti n. 7. Betts
n. 31. v. Loon II, holl. 193—190 n. 1. Belle médaille par van der Wilge.
Mm. 68. Ar. gr. 59. Rare t.b.c.

97 — **Fête séculaire de la Réformation**. Médaille au buste de **Johann,**
Electeur de **Saxe** de face, Rev. Légende en 11 lignes. Mm. 56. Ar. gr.
38. Coulée, Belle.

98 1631. **La flotte espagnole sous Johan de Nassau** détruite sur „le
Slaak" par les flottes hollandaise sous **Ernest de Nassau** et l'amiral
Zéelandais **Hollaart**. Le Prince **Frédéric Henri** á cheval à dr. Rev.
Vue des flottes et carte du pays, par van der Wilge, v. Loon II, holl.
197, fr. 194 n. 1. Mm. 57. Ar. gr. 86. Belle et rare.

99 — Même sujet. Buste cuirassé du prince **Frédéric Henri** à dr. FREDER .
HENR . D . G . PRINCEPS . AVRIAC . CON . NASS. Rev. Vue des flottes
en haut 1631 et à l'exergue CONIVRATI - VENIVNT - AD CLASSICA -
VENTI. v. Loon II, holl. 197, fr, 194 n. 2. Mm. 50. Ar. gr. 38, Belle, Rare.

100 — Même sujet. Carte du pays. Rev. Légende en 15 lignes. Belle médaille
par Looft. v. Loon II, holl. 197, fr. 194 n. 5. Mm. 54. Ar. gr. 40. Très belle.

101 1631 Médaille ovale au buste de **Gustave Adolphe** à dr. GVST . ADOLP
. D . G . SVEC . GOT . WAND . REX . M . P . F . D . E . ET . C . I . DO.
Rev. Lion armé DEO . ET . VICTRICIBVS . ARMIS. Le tout entouré
d'une belle couronne de laurier. Samml. Schultze 1896 n. 46. Mm. 45/55.
Ar. gr. 28. Coulée b.c.

102 1632 **Mort de Gustave Adolphe roi de Suède**. Superbe médaillon
par Seb. Dadler en 1634. Le roi couché sur le champ de bataille, au-
dessus des anges GUSTAVUS ADOLPHUS MAGNUS DEI GRATIA
SUECOR : GOTHOR : ET VANDALOR : REX AUGUSTUS. Rev. Le
roi dans un char de triomphe, couronné par la Religion et la Valeur,
marchant sur des dragons. DUX GLORIOS PRINCIPUS HEROS etc.
Hild. 188. Mm. 79. Ar. gr. 131, 5. Belle. Rare.

103 1632 **Mort de Gustave Adolphe** roi de **Suède**. Son buste de face tourné à dr. dans un encadrement. Rev. Epée couronnée armée de branches de palme et de laurier, par Kitzkatz. Mm. 40. Ar. gr. 21.5. Belle.

104 S. d. Buste lauré cuirassé de **Gustave Adolphe** à dr. tête de lion sur son épaule GVST. ADOLP . D . G . SVEC . GOT . WAND . REX . M . P . F . D . E . ET . CO . I . DO. Rev. Buste de **Marie Eléonore** couronné richement drapé et avec collerette à g. MARIA ELEONORA SVEC . GOT . VAN . REG . M . P . F . D . E . ET . C . I . D. Mm. 36. Ar. gr. 8.5. t.b.c.

105 s. d. Buste de Gustave Adolphe de face tourné à dr. Rev. Buste de Marie Eleonore à g., Petite médaille ovale sans légendes, mais entourée d'une couronne de laurier. Mm. 23/32. Ar. t.b.c.

106 1633 **Prise de Maastricht et de Rheinberg.** Buste du prince **Frédéric Henri de Nassau-Orange** à dr. entouré de drapeaux PATRIÆ QVE . PATRI . QVE dessous vue de Rheinberg RYN — BERCK et la date 1633. Rev. Plan des fortifications de Maastricht TRAIECT . AD . MOSA . RECEPT. v. Loon II, holl. 211, fr. 208. Med. Ill. I, p. 264 n. 57. Mm. 56. Ar. gr. 36. Superbe médaille, rare.
> *Voir la reproduction.*

107 — **Mort de l'archiduchesse Elisabeth** fille de **Philippe II**. Son buste en habit religieuse à dr. D . ELISABETH . PHIL . II . HISP . REG . F . CAR . V . AVS . N . dans le champ MONTFORT . F. Rev. L'archiduchesse assise sur le globe dans les nuages, à côté un paon CIƆICLXVI . AETERNITATI . AVGVSTAE . CIƆIƆCXXXIII. Mm. 54. Vermeil. gr. 49. v. Loon II, holl. 217, fr. 213 n. 1. petit trou. Rare.

108 1630 **François de Moncada marquis d'Aytona gouverneur des Pays-Bas.** Son buste à dr. Rev. Centaure dans un labyrinthe. v. Loon II, holl. 219, fr. 215. Mm. 40. Etain. Belle.

109 1637 **Prise de Bréda par le prince Frédéric Henri.** Vue de la ville assiégée DEO FAU . AUSP . ORDD . FOED . BELG . UIRTUTE . FR . HEN . AUR . PR. Rev. Le lion hollandais entouré d'armes en haut 1637 à l'ex. BREDA RECEPT — 26 . SEPT. v. Loon II, holl. 238, fr. 232 n. 1. Mm. 52. Ar. gr. 46. Belle. Petit trou.

110 1638. **La ville de Breisach prise par le duc Bernhard de Saxe-Weimar.** Buste du duc de Saxe cuirassé de face tourné à g. dans un cartouche orné entouré de *Magni Ducis Bernhardi Saxon : Weim : Effigies,* à l'entour HEROIS HUIUS NOMINI etc. Rev. Vue de la ville en haut BRISACH FORTIS SED FORTIOR DEUS FVIT ET WEIMARIUS 1638. Médaille par Blum. Reimmann 6372. Mm. 52. Ar. gr. 51. t.b.c.

111 — Même sujet. Buste du duc **Bernhard** de face tourné à dr., dans un cartouche richement orné, dessous *I. Blum fecit.* BERNH . D . G . SAXONIE : IUL . CLIU . ET MON : LANDG : THUR : MARCN : MIS : CO : MARC . ET RAU : DO . RAU. Rev. Comme la pièce précédente. Reimm. 9887. Mm. 52. Ar. gr. 51. Belle et rare.

112 1639. **Prise de la ville de Breisach.** Le duc de Saxe à cheval à dr. sur le champ de bataille. Rev. Vue de la ville de Breisach, deux anges tiennent les armoiries BRISIACO CAPTO . COELIS VICTORIA VENIT . BERNHARDO TVLIT EX HOSTE TROPHEA DUCI, par Seb. Dadler. Mm. 59. Ar. gr. 47.5. t.b.c. Rare.

113 **P. P. Rubens.** Mort en 1640. Plaquette repoussée ovale en argent au buste drapé avec grand chapeau en haut relief à g., dessous P. P. RUBBENS. Beau travail. Mm. 66,90. Ar. gr. 16.5. Belle.

114 1639. **Destruction de la flotte espagnole** sous l'amiral **d'Oquendo** par la flotte hollandaise sous l'amiral **Marten Harpertszn. Tromp** dans le **combat naval des Dunes.** Vue du combat naval. Rev. Légende en 14 lignes. Belle médaille par Looff. v. Loon II, holl. 252, fr. 245 n. 2. Med. Ill. p. 285 n. 96. Mm. 63. Ar. gr. 68. Belle.

115 1640. **Brésil.** Victoire des Hollandais sur la flotte espano-portugaise. Buste de **Johann Maurice de Nassau, gouverneur du Brésil** de face tourné à dr. I. MAVRITS. GRAEF. VAN NASSAV. GENERÆL. VAI. BRASIL. Rev. Combat naval en haut 1640, légende ⚓ GOD. SLOEG. S. VIANDS. HOOGMOED. DEN. 12. 13. 14. 17. IAN. Médaille ovale. v. Loon II, holl. p. 254, fr. p. 247. Mm. 40/45. Br. argenté. Coulée. t.b.c. fort rare

116 1641. Mariage de **Guillaume prince de Nassau-Orange** avec **Marie princesse d'Angleterre.** Les deux fiancés debout se donnant la main. Médaille par Blum. v. Loon II, holl. 258, fr. 251 n. 1. Med. Ill. I, p. 270 n. 100. Mm. 72. Ar. gr. 94. Belle.

117 — Même sujet autre gravure, sans nom de graveur. v. Loon II, 258—251 n. 2. Med. Ill. p. 288 n. 101. Mm. 62. Ar. gr. 74. Belle et rare.

118 — Même sujet. Les jeunes mariés debouts se donnant la main sous un soleil brillant MANVS MANVM LAVAT. Rev. Deux cupidons sur un lion à dr. AMOR VINCIT OMNIA. Mm. 43. Ar. gr. 31. Belle.

119 1642. **Louis XIII et son fils.** LVDOVICVS. XIII. D. G. FRANCO-RVM ET NAVA REX. Son buste cuirassé de face. Rev. MONSEIGNEVR LE DAVPHIN FILS DE FRANCE 1642. Buste enfantin drapé du jeune prince de face tourné à g. Mm. 41. Ar. gr. 14. Belle médaille coulée. Pièce fort intéressante et rare.

120 1643. **Mort de S. Episcopius,** professeur en théologie à Leiden. Médaille coulée offert à ses amis qui lui ont assisté pendant sa maladie, dans le champ gravé en 12 lignes DESEN PENNINGH — DOOR. DE. ERFGENAMEN — VAN WYLEN Mr SIMON — EPISCOPIUS VER-EERT TOT etc. v. Loon II, holl. 269, fr. 261. Mm. 62. Ae. t.b.c.

121 S. d. Belle médaille de mariage repoussée. Deux fiancés debouts près d'un autel, se donnant la main, lég. gravée *Ziet Zulk een Brant Hout Eeuwig stant.* Rev. Sur un bouclier dans un cartouche richement orné *Prediker 12 v 1 — Gedenkt aan — uwen Schepper — in uwe Jeugt —* BK. ID. Mm. 55. Ar. gr. 41. Belle.
    Sur la tranche poinçons „Amsterdam, D et main."

122 1645. **Mort de Hugo de Groot.** Son buste à dr. Rev. Lég. en 8 lignes. v. Loon II, holl. 291, fr. 281. Mm. 49. Ar. gr. 45. t.b.c.

123 — Même sujet. Buste de face. Rev. Coffre (allusion à sa fuite de Loevestein) sur laquelle deux couronnes. v. Loon II, 135, Mm. 46. Ar. gr. 56. Belle.

124 S. d. **Charles I et Marie Henriette.** Médaillon oval (Badge) au buste cuirassé de **Charles** à dr. légende gravée CAROLVS. DG. MAG. BRI. FR. ET. HIB. RX. Rev. Buste richement drapé de **Marie Henriette** à g. HENRIETTA. MARIA. D. G. MAG. BRITAN. FRAN. ET. HIB. REG, signé T. RAWLINS F., le tout dans une couronne de laurier et de rosaces. Med. Ill. I, p. 354 n. 215. Mm. 40/53. Ar. Beau.

125 (1647). Victoires du prince **Frédéric Henri** prince de **Nassau-Orange**.
Médaille repoussée par van Abeele au buste cuirassé et drapé du prince
de face tourné à dr. FRID . HENRICVS D . G . PRINC . AVRAI . COM .
NASS . E^c et dans le champ PVABEELE F. Rev. Sur une trophée
d'armes les armoiries des villes prises **Bois-le-Duc-Wesel, Maastricht,
Breda, Grol** etc. ⊛ VLTIMVS . ANTE OMNES DE PARTA PACE
TRIVMPHVS v. Loon II, holl. 298, fr. 288. Mm. 68. Ar. gr. 65. Belle
et rare.

126 1648. **Giles Strangways,** commandant des troupes sous Charles I, fait
prisonnier en 1645, mis en liberté en 1648. Son buste à dr. par Roettier.
Rev. Le White Tower de Londres INCARCERATVS . SEPT . 1645 . LIBE-
RATVS . APR . 1648. Med. Ill. I, p. 333 n. 171. Mm. 60. Ar. gr. 91. Belle.

127 — **Paix de Munster.** Médaille repoussée de la ville d'Amsterdam.
Hercule et Pallas tiennent deux boucliers avec OB CIVES SERVATOS.
Rev. Lég. en 12 lignes, au-dessus les armoiries d'Amsterdam. v. Loon
holl. 310, fr. 299. Mm. 68. Ar. gr. 73. Belle.

128 — **Paix de Munster.** La Paix dans un char tiré par deux lions
PAX HISPANO—BATAVA. v. Loon II, holl. 312, fr. 301 n. 2. Ar.
gr. 60. Belle.

129 — **Paix de Munster.** Le lion hollandais debout tenant faisceau de
flèches surmonté du chapeau de la liberté et glaive, dans le champ
sur un ruban INTER HISP .'REG . ET . FOED . BELG. Rev. Paysage,
berger endormi et troupeau, un ange vidant sa corne d'abondance DEVS
NOBIS HÆC OTIA FECIT V . JVNII CIƆIƆCXLVIII. v. Loon II,
holl. 315, fr. 304 n. 1. Mm. 41. Ar. gr. 31. Belle et rare.

130 — **Paix de Munster.** Les sept provinces réprésentées par sept femmes
dansant autour du chapeau de liberté, sur lequel PAX ET LIBERT .
FOED . BELGAR. Rev. Légende en 9 lignes, par Seb. Dadler. v. Loon
II, holl. 315, fr. 304 n. 2. Mm. 58. Ar. gr. 62. Très belle et rare.

131 — **Paix de Munster.** La Paix et la Justice s'embrassant. PAX CUM
JUSTITIA FORA TEMPLA ET AURA CORONAT. Rev. La Paix et
la Foi se donnant la main. Vue de Munster. v. Loon II, 315—304 n.
4. Mm. 58. Ar. gr. 57.5. Belle.

132 — **Paix de Munster.** St. Paul de face. IMP . CÆS . FERDINANDO .
III . AVSTR . AVC : ANTIST . ET . PRINCIPE . FERDIN . I . BAVA.
Rev. Deux mains jointes tenant deux branches d'olivier et une caducée
dessous légende. v. Loon II, holl. 320, fr. 308 n. 2. Mm. 52. Ar. gr. 36.
Belle.

133 — **Paix de Munster.** Vue de la ville MONASTERIVM WESTPHA
1648. Rev. Deux mains jointes tiennent deux cornes d'abondance et une
branche d'olivier. v. Loon II, 320—308 n. 3. Mm. 52. Ar. gr. 50.5. Belle.

134 — Même médaille. Ar. gr. 36. t.b.c.

135 — **Paix de Munster.** Vue de la ville MONAS — TERIVM — WEST-
PHALIÆ. Rev. Trois colombes portant des branches d'olivier au dessus
d'un coussin avec les signes impériales. v. Loon II, holl. 324, fr. 311
n. 2. Mm 40. Vermeil gr. 22. t.b.c.

136 — **Paix de Munster.** Même avers. Rev. Légende en 4 lignes GE-
DACHTNVS DES . ALLGEMEINEN FRIEDEN . SCHLVSS — 1648.
v. Loon II, 324—311 n. 3. Mm. 41. Ar. gr. 21. t.b.c.

137 1648. **Paix de Munster.** La Paix debout. Rev. Légende, par Blum.
v. Loon II, 324—311 n. 4. Mm. 42. Ar. gr. 24. t.b.c.

138 — **Paix de Munster** et académie à Harderwyk inaugurée. Armoiries
couronnées de la Gueldre. Rev. Légende en 11 lignes dans un cartouche richement orné. v. Loon II, holl. 330, fr. 317. Mm. 59. Ar.
gr. 61. Belle.

139 S. d. **Charles I.** Médaillon oval au buste cuirassé de **Charles I** à g.
presque de face. Lég. gravée CAROLVS . PRIMVS. Rev. Armoiries
gravées. Mm. 24 34. Ovale. Ar.

140 1650. **Guillaume II prince de Nassau-Orange.** Son buste cuirassé
de face tourné à dr. le champ avec des arabesques. WILHELMVS . II .
D . G . PRINC . AVRAICÆ . COM . NASS . Ec. Rev. Les armoiries couronnées du prince entourées de l'ordre de la Jarretière remplissant tout
le champ. Med. Ill. I, p. 393 n. 16. v. Loon II, holl. 346, fr. 333.
Superbe médaille repoussée par van Abeele. Mm. 64. Ar. gr. 50. Rare.

141 — **Mort de Guillaume II de Nassau-Orange.** Cheval libre et
chute de Phaëton v. Loon II, holl. 353, fr. 341. Mm. 69. Ar. gr. 86. Belle.

142 — **Siége d'Amsterdam** par le prince **Guillaume II.** vue d'Amsterdam
du côté de l'Amstel T HERSTELLEN VAN DE WACHT etc. Rev.
HEER U HANT etc. La Paix debout. Médaille coulée par Van Ryswick
dans un encadrement du temps. v. Loon II, holl. 349 fr. 337 n. 1, Mm. 70.
Ar. gr. 69. t.b.c.

143 vers 1650. **Plaquette uniface** en argent. Mars et Vénus dans un char
tiré par deux lions méné par des cupidons, sur l'avant-scène homme
et femme couchés frappés par les flèches d'amour AMORIS TELA
OMNIVM QVERELA. Mm. 56. Beau travail.

144 — **Médaille gravée.** Les jeunes mariés deb. se donnant la main, dessus
coeur, *et Hart brant uit lieffde*, lég. DE LIEFDE MAeKT HET PAAREN
SOET ALS THROVHEIT LIEFDE BLICKEN DOET. Rev. Les Noces
de Canäa *Liever in den Ehten staet verpanden Beter te trouven Als te
Branden.* Mm. 52. Ar. Belle pièce. *Avec oeuillet.*

145 — Médaille coulée et ciselée. Deux fiancés *Myn lief ontfangt myn brandent
Hert* etc. Rev. Enfant tenant une couronne de fleurs *De Beste Vrucht
Die Thuwlick Baart syn Kindren* etc. Mm. 55. Ar. gr. 45. t.b.c.

146 1651. La Grande Assemblée des Etats Généraux après la mort du
prince d'Orange. La Hollandia assise sur un rocher, sur lequel les
armoiries des sept provinces. Rev. Légende en 21 lignes. Très belle
médaille par Seb. Dadler. Mm. 67. Ar. gr. 93. Belle et rare.

147 1653. **Mort de l'amiral Tromp.** Médaille coulée au buste de l'amiral
de face. Rev. Ses armoiries, v. Loon II, fr. 364, holl. 376 n. 1. Méd.
Ill. I p. 402 n, 32. Mm. 69. Ar. gr. 110.

148 1653 **Mort de l'Amiral Marten Harpertszn Tromp.** Belle médaille
repoussée par Muller, au buste de l'amiral de face, couronné par deux
génies. Rev. Combat naval, vaisseau coulant sur l'avant-scène. v. Loon II,
holl. 376, fr. 364 n. 3 var. Med. Ill. p. 403 n. 34. Mm. 73. Ar. gr. 64.
Belle. *Avec petit trou dans le champ du revers.*

149 — Mort de l'amiral **Marten Harpertszn Tromp.** Son buste de face
par Pool. Rev. Le combat naval. v. Loon II, holl. 376, fr. 364 n. 2.
Med. Ill. I, p. 403 n. 33. Mm. 68. Br. Belle.

150 1654 **Guillaume III de Nassau Orange**. Son buste de face. Rev. Le
jeune prince recevant des leçons de Minerva, par v. Abeele. v. Loon II,
holl. 388, fr. 376 n. 1. Mm. 62. Ar. b.c. *Avec bélière.*

151 — **Guillaume III de Nassau Orange** et sa mère **Marie d'Angleterre**
princesse d'Orange. Superbe médaille repoussée par Van Abeele au
buste du jeune prince de face et buste de la princesse à g. v. Loon II,
holl. 387, fr. 375. Med. Ill. I, p. 417 n. 55. Mm. 64. Ar. gr. 52. Belle
et rare.

152 — **Paix de Westminster,** fin de la première guerre navale entre les
Provinces-Unies et l'**Angleterre**. L'Angleterre et la Hollande assises
tiennent le bonnet de liberté. Rev. Deux vaisseaux de guerre (un vaisseau
hollandais et un autre anglais) l'un à côté de l'autre. v. Loon II,
holl. 383, fr. 371 n. 3. Med. Ill. I, p. 415 n. 52. Mm. 60. Ar. gr. 63.
Belle et rare.

153 — Même sujet. Neptune dans son char marin portant les écussons du
Commonwealth et des Provinces Unies, deux tritons dans la mer.
Rev. Legende en 15 lignes. v. Loon II, 383—371 n. 4. Med. Ill. I, p. 416
n. 53. Mm. 60. Ar. gr. 64. Belle et rare.

154 1655 **L'hôtel de ville à Amsterdam** (Le palais sur le Dam). Vue
de l'hôtel de ville. Rev. Les armoiries de tous les magistrats d'Amsterdam. Belle médaille par Pool. v. Loon II, holl. 399, fr. 387 n. 1. Mm. 70.
Ar. gr. 117. Belle.

155 — Même sujet. Vue de l'hôtel de ville. Rev. Vaisseau. v. Loon II, n. 2.
Mm. 69. Etain. t.b.c.

156 — **La bourse et l'hôtel de ville**. Vue de la Bourse. Rev. L'hôtel
de ville, par Muller. v. Loon II, n. 3. Mm. 72. Br. t.b.c.

157 S. d. **Frédéric III et Sophie Amélie** roi et reine de **Danemarc.**
Buste du roi lauré et drapé à dr. FRIDERICVS . III . D : G . DA : NO :
VA : G : REX. Rev. Buste de la reine lauré et drapé à g. SOPHIA .
AMALIA . D : G . DA : NO : VA : G : REGINA sous le buste H . L . T.
Belle médaille ovale coulée et ciselée. Mm. 35/41. Ar. gr. 13. portative.

158 1658. **Cromwell et Masaniello.** Buste du protecteur à g. Rev. Buste
de **Thomas Aniello d'Amalfi** à g. THOMAS ANIELLO DE AMAL-
PHI, par St. Urbain. Med. Ill. I, p. 432 n. 79. Mm. 48. Br. Belle.

159 1659. Médaille au buste du pape **Alexandre III** (Anno IV). Rev.
Temple b.c. et médaille coulée au buste de **Mathias d'Autriche**. Ar.
2 ps. gr. 30.

160 1660. **Départ de Charles II de Schéveningue.** Médaille repoussée par
Van Abeele, au buste de face tourné dr. Rev. La flotte. v. Loon II,
holl. 481. fr. 462 n. 2. Med. Ill. I p. 455 n. 44. Mm. 68. Ar. gr. 57. Belle.

161 — Médaille en bronze au buste d'**Anne reine de France** à dr.
Rev. Plante dans un paysage. portative. Mm. 59. Br. coulée. Belle.

162 1661. Jules cardinal Mazarin premier ministre de France. Petite médaille au buste à g. par Dassier. Ar. Belle.

163 — La ville de Munster prise par l'évêque **Christ. Bernh. von Galen**
v. Loon II, holl. p. 488, fr. 468. Mm. 48. Ar. gr. 28. t.b.c.

164 1664. **Henri de Croonendaal**. Médaille ovale v. Loon II. holl. 522,
fr. 500 et médaille uniface au buste à dr. v. Loon II, holl. 523, fr. 501.
Deux médailles en étain.

165 1665. **Défaite de la flotte hollandaise sous Obdam près de
Lowestoft** par la flotte anglaise sous le duc de York, le prince Rupert
et le comte de Sandwich. Médaille offerte par le roi aux officiers en
chef qui se sont distingués. Buste lauré de **Charles II** à dr. Rev.
Charles II debout regardant et dirigeant le combat naval. v. Loon II,
éd. holl. p. 526, fr. p. 504. Med. Ill. I, p. 503 n. 139. Mm. 68. Ar.
Très belle.

166 — **Combat naval dans le port de Bergen en Norvège**. Défaite de
la flotte anglaise sous le comte de Sandwich. Vue du combat naval
dans le port de Bergen. Rev. Légende en 10 lignes. v. Loon II, holl.
531, fr. 509 n. 1. Med. Ill. I, p. 508 n. 149. Mm. 54. Ar. gr. 60. t.b.c.
Rare. par Pool.

167 — Médaille en mémoire des quatres banques de l'Europe à **Hambourg, Amsterdam, Vienne** et **Vénise** avec vue et Hambourg. Dirks.
Penn. Rep. n. 1410. Mm. 51. Ar. gr. 35,5. Belle.
 Voir aussi sous la date 1689. n. 232.

168 1666. **Combat naval de quatre jours** entre la flotte hollandaise et
anglaise. Belle médaille au buste cuirassé de l'amiral **de Ruyter** de
face par Chr. Adolfszoon, entouré d'une double légende. Rev. Le combat
naval PVGNANDO. v. Loon III, holl. 180, fr. 176. Med. Ill. I, p. 522
n. 169. Mm. 70. Ar. gr. 102. Belle.

169 1666. **Combat naval de quatre jours, mort de l'amiral Cornelis
Evertsen**. Buste de l'amiral en haut relief de face tourné à dr. couronné par deux génies, entouré d'armes, sur un ruban CORN. EVERTSEN ADMIRAAL . V . ZEEL . lég. HEER EVERTS, MET TRIOMF
OP T BED VAN EER GESNEEFT ALDVS IN T SILVER DOOR
DE KUNST VAN MULLER LEEFT Ao 1666 . DEN 14 IVNII. Rev. Le
combat naval. HIER STRYCKT HET BRITSCH GEWELT VOOR
NEDERLANT DE VLAGH. etc. Superbe médaille repoussée par Muller.
Med. Illustrations I, p. 523 n. 171, v. Loon II, holl. p. 550, fr. p. 529
n. 1. Mm. 77. Ar. gr. 109. Fort belle et fort rare.

170 — Même sujet. Medaille au buste de l'**amiral Cornelis Tromp** par
Muller. v. Loon II, holl. p. 550, fr. p. 529 n. 2. Med. Illustrations I,
p. 524 n. 172. Mm. 77. Bronze t.b.c.

171 1667. **Paix de Bréda** entre l'Angleterre et les Provinces-Unies. Médaille
au lion hollandais LEO BATAVUS et autre avec vue de la ville de
Bréda. v. Loon II, holl. 555, fr. 534 n. 2 et n. 4. Deux médailles en
étain. t.b.c rares; y jointe médaille de la même paix, v. Loon II, holl.
p. 559, fr. 538 n. 4 en argent coulée, t.b.c.

172 — **Paix de Bréda**. Deux vaisseaux de guerre. Rev. Les armoiries des
Provinces-Unies et de la Grande Bretagne réunies par des rubans.
Med. Illustrations I, p. 534 n. 184, v. Loon II, holl. p. 559, fr. 538 n. 4.
Mm. 44. Ar. gr. 40. Belle.

173 1669. **Mort du théologue Johannes Coccejus**. Son buste de face par
Smeltzing. v. Loon III, holl. 30, fr. 27 n. 1. Mm. 48, Etain. Belle.

174 1672. **Guillaume III de Nassau-Orange Stadhouder**. Buste drapé
à longues cheveux en haut relief de face tourné à g. légende gravée
DITS PRINS WILLEM DE DERD . WIENS OORLOGS LISTEN
RAAD VOOR DEERSTE NIET BESWYKT MAAR EER TE BOOVEN
GAAT. Rev. Le prince à cheval à dr. WILHELMVS . III . D . G . PRINC .
AVRAICÆ CON . NASS . Ec, Superbe médaille repoussée inédite, voir
pour le revers v. Loon III, holl. p. 51, tr. p. 47 n. 2. Mm. 71. Ar.
gr. 91. Extrêmement rare.
Voir la reproduction.

175 — Médaillon uniface au buste de **Guillaume III** de face tourné à dr.
sans légende, vraisemblablement par Van Abeele. Mm. 50. Br. t.b.c. Rare.

176 1672. **Invasion des Français dans les Pays-Bas. Guillaume III
de Nassau-Orange** élu Stadhouder, armoiries du prince entourées de
la Jarretière et avec la légende GERMINI QUOD AVRIACO etc. v. Loon
III, holl. p. 75, fr. p. 70 n. 1. Méd. Illustrations I, p. 553 n. 212. Mm. 41.
Ar. gr. 18.5. Belle et rare.

177 — Même sujet. Le prince à cheval à g. Rev. Les armoiries entourées
de la Jarretière. v. Loon III, holl. p. 51, fr. p. 47 n. 1. Méd. Illustrations I,
p. 552 n. 211. Mm. 37. Ar. gr. 18. Coulée. t.b.c.

178 — **Assassinat des frères Jean et Corneille de Witt**. Leurs bustes
opposés. Rev. La populace comme une monstre à plusieurs têtes déchirant deux hommes. Belle médaille par Avry. v. Loon III, holl. p. 87,
fr. p. 81 n. 1. Mm. 73. Ar. gr. 119.5. Belle.

179 — Même sujet. Le roi Egyptien dans son char tiré par quatre rois pri-
sonniers, en haut, les corps des frères de Witt mutilés, var. intéressant
de v. Loon III 87—81 n. 2 avec le char allant à dr. et signée au revers
J. V. R. (Jan van Rijswijk) Mm. 51. Etain b.c.

180 — **Siège de Groningue** par les évêques de Cologne et de Munster.
Méd. décernée aux étudiants. v. Loon III, holl. 102, fr. 96. Mm. 47.
Ar. gr. 26. Belle.

181 — Même sujet. Vue de la ville assiégée. Rev. Légende. v. Loon. III,
holl. p. 98, fr. p. 92 n. 3. Mm. 57. Ar. gr. 36. t.b.c.

182 — **Siège de Groningue et prise de Coevorden**. Vue de la ville
de Groningue. Rev. Les fortifications de Coevorden. v. Loon III, holl.
108, fr. 102 n. 3. Mm. 55. Ar. gr. 32.5. Belle.

183 — Même sujet. Vue du siège de Groningue. Rev. Vue de Coevorden.
v. Loon III, holl. 110, fr. 104 n. 1. Mm. 57. Ar. gr. 32.5. Belle.

184 — Même sujet. v. Loon III, 110—104 n. 3. Mm. 57. Ar. gr. 32, petit
trou t.b.c.

185 1672 **Mort des Frères de Witt**. Leurs bustes superposés à dr. Rev.
Légende en 8 lignes **Twee Witten, eensgezint**. v. Loon III, 87—31
n. 3. Mm. 48. Ar. gr. 38. Belle.

186 — Même médaille, fort belle. Ar. gr. 46.

187 — Médaille offerte aux étudiants de Leiden pour leurs services rendues
à la patrie. v. Loon III, holl. 83—77, au nom de *D. Francisc. Becude.*
Mm. 59. Ar. gr. 77.5. t.b.c.

188 1672. **Russie. Naissance de Pierre le Grand**. Superbe médaille en
argent aux bustes accolés de l'empereur et de l'impératrice à dr. ALEXIVS
MICHAELIS FILIVS D.G.TZAR ET MAGNVS DVX TOTIVS
RVSSIÆ, sous le buste *P. P. Werner fecit N*. Rev. Un ange dans les
nuages offrant le nouveau né à la Russie SPES MAGNA. FVTVRI et à
l'exergue PETRVS ALEXII FILIUS — NATVS 30 MAII — MDCLXXII.
Mm. 66. Ar. gr. 102. Très belle.

189 1673 **Prise de Maastricht par les Français**. Buste de **Louis XIV**
cuirassé et drapé à dr. LVDOVICVS.XIV. — FRAN.ET.NAV.REX.
Rev. Neptune attaquant avec son trident une ville fortifiée. QVAS.
CONDIDIT.ERVIT ARCES et à l'exergue 1673. Médaille plus petite
et autre buste que van Loon III, holl. 117, fr. 111 n. 2. Dirks Penn.
Rep. 1675 var. Ar. gr. 62. Belle et rare.

190 — **Combat naval près de den Helder. Mort du Capitaine Jan
van Gelder**. Ses Armoiries heaumées, dessous sur un bouclier *Gedagtenis van Jonkhr* IAN PAVLZ. *van* GELDER etc., à l'entour VAN
GELDER'S ZEEVOOGDS SOON EN HVLP EN EER BLEEF DOODT
etc. Rev. Combat naval, dessous PVGNANDO et à l'entour gravé DE
VADER WON DE SLAG DE ZOON VERLOOR ZYN BLOED etc.
v. Loon III, holl. 121, fr. 115 n. 1. Med. Ill. I, p. 560 n. 224. Mm. 78.
Ae. argenté, coulée. t.b.c. Rare.

191 — Les otages emportés par le garnison français en abandonnant **Campen**
mis en liberté. Médaille leurs offerte par le magistrat de Campen.
Mm. 47. Ar. gr. 60.5 b.c.

192 — Même médaille. Ar. gr. 32.5 t.b.c.

193 — **Charles XI roi de Suède**. Son buste en relief à dr. par A.K
(Karlsteen). Rev. Le roi à cheval à g. en haut sur une banderolle LUS
TRATIS FINIBUS. Mm. 32. Ar. gr. 11.5. Belle.

194 1675 **Henri Casimir prince de Nassau élu Stadhouder de la Frise,
Groningue et Drenthe**. Son buste à dr. HENR.CASIM.D.G.PR.
NASS.GVB.HÆR.FRIS. Rev. Une femme tient les armoiries du
prince et les armoiries des trois provinces VIRTVTE PARENTVM.
v. Loon III, holl. 176, fr. 167. Mm. 47. Ar. gr. 34. Belle.

195 — **Jean Sobieski roi de Pologne** chevalier des ordres du roi de
France. Médaille par Mauger au buste de Louis XIV à dr. Mm. 41.
Br. Belle.

196 1677. **Victoire des Suédois sur les Danois**. Buste casqué du roi
de Suède à dr. CAROLUS XI.DEI.GRA:SVE.GOTH.WAND.REX,
par Meybusch. Rev. Une couronne posée sur une montagne attaquée
par des guerriers, sur la tranche OPPUGNABIT DOMINUS etc.
v. Loon III, holl. 211, fr. 199 n. 1. Mm. 56. Ar. gr. 59. t.b.c. Rare.

197 — **Mariage de Guillaume III avec Marie d'Angleterre**. Buste de
Guillaume d'Orange à dr. Rev. Buste de la princesse à g. v. Loon III,
holl. 236, fr. 222. Med. Ill. I, p. 568 n. 235. Mm. 42. Ar. gr. 27.5. Belle.

198 — **Tabago**. Combat naval entre les flottes hollandaises et françaises.
Méd. par Mauger au buste de Louis XIV à dr. v. Loon III, holl. p. 221,
fr. 208 n. 1. Mm. 41. Br. t.b.c.

199 1679. **Paix de Nimègue**. Jeton du Trésor royal au buste de **Louis XIV**,
Ar. t.b.c.

2

200 1679 **Paix de Nimègue.** Traité signé entre la France et l'Autriche. La
Paix assise à ses pieds un lion tenant une glaive, plus loin l'aigle au-
trichien et le coq français tenant une branche d'olivier CORDA VELUT
CHORDÆ. FATO IVNGUNTUR AMICO. Rev. La Paix debout marchant sur des armes brisées et tenant faisceau de flèches. Un paysan
labourant SIC PACE RESTINCTA . GAUDIA PACIS ARANT . A : 1679
et sur la tranche DER HIMMEL SPILT AUF ERDEN DAS HELDEN
EINIG WERDEN. v. Loon III, holl. p. 258, fr. 242. Belle médaille et
fort rare, le coin brisé. Mm. 59. Ar. gr. 93.
Voir la reproduction.

201 1678. **Paix de Nimègue.** v. Loon III, holl. 248, fr. 233 n. 3. Ar. Belle
et même sujet, médaille coulée. v. Loon III, 248—233 n. 1. 2 ps. Ar.
gr. 55.5.

202 1679. **Les Suédois chassés de la Prusse par l'électeur Friedrich
Wilhelm.** Médaille par I. Höhn QUEM DIES VIDIT VENIENS
SUPERUM. Aigle sur son nid attaqué par un lion; à l'exergue A".
MDCLXXIIX. Rev. HUNC DIES VIDET FUGIENS IACENTEM.
Aigle poursuivant le lion fuyant, à l'ex: PRUSSIA LIBERATA —
Ao. MDCLXXIX avec inscription sur tranche. v. Loon III, holl. 264,
fr. 248. Pniower 50. Mm. 70. Ar. gr. 103.5. t.b.c. Rare

203 1682. **Named Hamet ambassadeur de Maroc et Keay Nabee
ambassadeur de Bantam en Angleterre.** HAMET BEN HAMET
BEN HADDV OTTOR 1682. Son buste à dr. Rev. KEAY NABEE
NAIA — WI — PRAIA 1682. Son buste de face. Médaille par Bower.
Med. Ill. I. p. 584 n. 260. Mm. 39. Ar. gr. 23. t.b.c.
Pièce fort intéressante.

204 1683. **Délivrance de Vienne** IMPERI MVRVM AVSTRIACO etc. Globe
avec double aigle, soleil etc. Rev. Légende MDCLXXIII DIE XIV
IVLII VIENNA etc. Médaille par Mittermair. Well, 7213. Mm. 44.
Ar. gr. 28. b.c.

205 — **Charles II d'Espagne.** Son buste drapé et cuirassé à g. Rev.
Lion debout v. Loon III, holl. 300, fr. 281. Mm. 50. Etain t.b.c.

206 — **Médaille de la compagnie de Groningue des Indes Occiden-
tales** SOCIETAT . IND . OCCID . DIRECTORES . GRON . ET . OM.
Monogramme de la Société entouré des écussons des Directeurs. Rev.
FVLCRA . NON . MINIMA 1683. Vue de St. George del Mina. v. Loon
III, holl. 304, fr. 284. Betts „American Colonial History" n. 64. Mm. 47.
Ar. gr. 32.5. t.b.c.

207 — **Mort de Gerard Brandt de Jonge.** Son buste à dr. Rev. Vue de
Rotterdam. v. Loon III, holl. 187 fr. 177. Mm. 49. Etain t.b.c.

208 — **Décès de Henriette Le Pla.** Ses armoiries couronnées HEN-
RIETTA LE PLA, dessous NAT . 14 . IAN . 1663 — DENAT . 28 . DEC.
— 1683. Rev. Une ange volant avec une rose MORS VESTIBULUM
VITÆ. Médaille par Smelzing. Dirks Penn. Rep. n. 1902. Reproducée
dans la brochure de M. v. Doorninck sur la planche sous le n. 10.
Mm. 32. Etain. Belle et rare.

209 1684 Le scellé levé des papiers d'Amsterdam, correspondance de cette
ville avec d'Avaux, l'ambassadeur français. Belle médaille. v. Loon III,
holl. 308, fr. 289. Mm. 49. Ar. gr. 44.5. Belle.

210 1685 **James I inauguré roi d'Angleterre.** Son buste lauré à dr.
v. Loon III, holl. 324, fr. 303 n. 4. Mm. 35. Ar. gr. 15. Belle.

211 1687 **Pierre Jurieu** ministre wallon à **Rotterdam**. Son buste à dr. PETRUS JURIEU S . S . THEOL . P . P . ÆTAT : L. sous son buste SPE FATI MELIORIS ALOR. Rev. Puit d'où sortent des flammes et de la fumée et des sauterelles, l'église et la lune obscurcissant BREVI LUCIDIOR FULGEBIT et à l'ex. ETIAM VENIO etc. v. Loon III, holl. 352, fr. 329. Mm. 60. Ar. gr. 90. Belle. Rare.

212 1686 **Mort du chevalier Joan Speelman**. Ses armoiries heaumées, comme supports deux phoques * ∞ IOAN : SPEELMAN : RIDDER BARONNET. ∞ Rev. La mer en haut soleil brillant, tandis qu'un autre soleil se couche, en haut sur une banderolle EO OMNIA UNDE, légende NATUS . 1 FEB . 1659 : DENATUS . 29 . IUNII . 1686. Med. Ill. I, p. 618 n. 32. De Vries en de Jongh, pl. V, 1. Dirks Penn. Rep. 1950. Belle médaille frappée en piedfort. Mm. 42. Ar. gr. 64. Extrêmement rare.
Voir la reproduction.

213 (1688) **Médaille satirique sur les adhérents de Voetius**. Hibou devant une chandelle allumée NOG EVEN BLIND, à l'exergue D . S . S . Rev. Bascule avec TEKEL. De Vries en de Jongh, pl. VI, 1. Med. Ill. 1, p. 634 n. 57. Mm. 46. Etain. Belle.

214 1688. Départ de **Guillaume III de Nassau Orange de Hellevoet-sluis** pour l'Angleterre. Buste couronné. Rev. Vue de la flotte. Médaille coulée en bronze. v. Loon III, holl. 376, fr. 351 n. 1. Med. Ill. I, p. 635 n. 59. Mm, 84. Br. t.b.c.

215 — **Débarquement de Guillaume III à Torbay**. Le prince donnant la main à Britannia, un moine et un jésuite fuyant. Rev. Le débarquement, v. Loon III, holl. 380, fr. 355 n. 1, var. Méd. Ill. I, p. 640 n. 66. Mm. 49. Ar. gr. 46. Superbe.

216 — **Guillaume III à Torbay**. v. Loon III, holl. 378, fr. 353 n. 3. Méd. Ill. p. 639 n. 64. Ar. gr. 21.5 coulée t.b.c. Y jointe une médaille en étain sur la mort de Charles I d'Angleterre.

217 — **Débarquement à Torbay**. v. Loon III. holl. 380, fr. 355 n. 2. Med. Ill. I, p. 641 n. 67. Mm. 44. Ar. gr. 25.5. Belle.

218 — **Les Refugiés Français reçus à Utrecht**. v. Loon III, holl. 355, fr. 332. Mm. 43. Ar. gr. 39. Belle.

219 1688. **Médaille satirique sur la naissance du prince James d'Angleterre**. La Vérité ouvrant la porte d'un cabinet dans lequel on voit le nouveau né porté par un Jésuite. Rev. le cheval de Troye. Med. Ill. I, p. 630 n. 52. v. Loon III. holl. 369, fr. 345. Mm. 58. Ar. gr. 78. Belle.

220 — **Médaille satirique**, état religieux de la Grande-Bretagne, correspondance de **Steward** avec le Pensionnaire **C. Fagel** à cause de la révocation des *„Test and Penal Laws"*. Piedestal avec BRITANNIA, sur lequel des emblèmes de la religion, en haut une main tenant la lettre de C. Fagel. Rev. Un chien portant rosaire, dévorant un livre, posant son pied sur un autre et jetant par terre un troisième livre RES IMMODERATA CUPIDO EST à l'ex. MDCLXXXVIII. Vraisemblablement par Smeltzing. v. Loon III, holl. 361, fr. 337. Med. Ill. I, p. 620 n. 35. Mm. 60. Ar. gr. 79.5. Belle et fort rare.
Voir la reproduction.

221 1689. **James II roi d'Angleterre reçu en France.** Buste de James II
à g. IACOBUS II D.G.BRITANNIARUM IMPERATOR ⊕. Rev.
Eclipse du soleil, les côtes de la France, deux vaisseaux sur la mer
ORNATA LUCE LUCIDUM OBSCURAT et à l'ex.: LUD.XIV.GALL:
REX ADMITTIT — IAC:II BRIT:REGEM FUG: — VII IAN:
MDCLXXXIX par Jan Smeltzing. Med. Ill. I, p. 654 n. 13. v. Loon
III, holl. 399, fr. 372 n. 3. Mm. 60. Ar. gr. 78. Belle et rare.

222 — **Couronnement de Guillaume III et de Marie.** Buste de **Guillaume III** à dr. GULIELM:III.D.G.BRITANN:R.RELIG:LIBER-
TATIS Q:RESTITUT, dessous une rose. Rev. Les armoiries d'Angleterre suspendues à un oranger, fuite de James II et le père Peter, en
haut ITE MISSA EST et à l'ex.: INAUGURATIS etc. Med. Ill. I,
p. 671 n. 43. Rev. de v. Loon III, holl. 415, fr. 386 n. 3. Mm. 48. Ar.
gr. 48. Belle médaille par Smeltzing.

223 — **Couronnement de Guillaume III et de Marie.** Leurs bustes
opposés en haut relief MAIUS.PAR.NOBILE.SCEPTRIS et à l'ex.
G.HENR.ET MAR.PR.AUR.—M.BRIT.R.—.1689. Rev. La
Hollandia et la Britannia deb. se donnant la main. M.BRIT.EXP.
NAV.BAT.LIB.REST.ASSERTA. Med. Ill, I, p. 672 n. 44. v. Loon
III, holl. 407, fr. 379 n. 7. Mm. 59. Ar. gr. 64. Superbe médaille en
haut relief. Rare.

224 — **Couronnement de Guillaume III et Marie. Fêtes à Amsterdam.** Le roi et la reine assis de face en haut relief. Rev. Le capitaine,
le lieutenant et l'enseigne de la compagnie des gardes civiques à Am-
dam debout. TER GEDAGTNIS.DAT.OP.DE.DAGH DER.KRO-
NING.DE WACHT.HAD.D.COMP.VAN.D.H.MVIKENS.
Médaille repoussée en haut relief. v. Loon III, holl. 419, fr. 390. Med.
Ill. I, p. 678 n. 54. Mm. 61. Ar. gr. 44. Belle et rare.

225 — Couronnement de **Guillaume III** et de **Marie** roi et reine d'Angleterre. v. Loon holl. 407, fr. 379 n. 1, 2 et 6, et p. 412—383 n. 2. —
Quatre médailles coulées en argent, gr. 81. t.b.c.

226 — Couronnement de **Guillaume III** et de **Marie.** Bustes accolés à dr.
Rev. Chute de Phaëton. Med. Ill. I, p. 662 n. 25. v. Loon III, holl.
407, fr. 379 n. 1. Mm. 35. Ar. gr. 20. Belle.

227 — Même sujet, fêtes à Rotterdam. v. Loon III, holl. 420, fr. 391. Med.
Ill. I, p. 678 n. 55. Mm. 32. Ar. t.b.c.

228 — Même médaille. Ar. t.b.c.

229 — Même médaille. Ar. t.b.c.

230 — **Liberté des cultes „Toleration Act."** Buste de **Guillaume III**
à dr. Rev. La Britannia entre la Religion et la Liberté, avec inscription
sur la tranche. Med. Ill. I, p. 683 n. 64. v. Loon III, holl. 421, fr. 392
n. 1. Mm. 49. Ar. gr. 44.5. Belle médaille par P. H. Müller.

231 — Médaille satirique sur l'**Alliance de Louis XIV avec le Sultan
de Turquie contre les Pays-Bas et l'Autriche.** Le roi de France
à genoux devant le Sultan, dessous VIRO IMMORTALI et à l'entour
GALLIA SVPPLEX. Rev. En 5 lignes AMICVS.TVRCA—AMICI.
ALGERINI—AMICI.BARBARI—CHRISTIANORVM—OSOR.ET.
HOSTIS. v. Loon III, holl. 433, fr. 404 n. 3. Mm. 50. Ar, gr. 56. Belle. Rare.

232 1689. **Médaille en or des quatre banques de l'Europe, Amsterdam, Hambourg, Vienne** et **Vénise** BANCHORUM IN EUROPA
BONO CUM DEO ERECTORUM MEMORIA . M . DCLXXXIX. Les
armoiries des 4 villes. Rev. Vue de Hambourg. Mm. 50. Or. gr. 35.
très belle.

233 1690. **Canada, Prise de Québec.** Médaille au buste de Louis XIV
à dr. par Mauger. Med. Ill. I, p. 723 n. 150. Mm. 41. Br. t.b.c.

234 1691. **Bataille d'Aghrim.** Bustes accolés de Guillaume III et de Marie
à dr. GULL . ET . MARIA . D . G . M . BRIT . FR : ET HIB : REX . ET .
REGINA. Rev. La bataille, choc de cavaliers. HIBERNIS GALLISQ :
DEVICTIS et à l'ex PUGNA AD AGHRIM — XXII IUL MDCXCI.
Par Smeltzing v. Loon III, 541—IV 50 n. 1. Med. Ill. II, p. 29 n. 201.
Mm. 57. Ar. gr. 78. Superbe et rare.

235 — **Bataille d'Aghrim.** Buste de Guillaume III à dr. WILHEM III .
D . G . ANG . SCO . FRANC . ET HIB . REX. Rev. Le lion foulant de
ses pieds un chien et saisissant un coq fuyant SIC UNO FERIT UNGUE
DUOS et à l'exergue IACOBO ET LVDOVICO — HIBERNIA . PUL-
SIS — AD AGRIM — 1691. v. Loon III, 541. IV, p. 50 n. 3. Med. Ill. II,
p. 31 n. 206. Mm. 52. Ar. gr. 57.5. Superbe et rare.

236 — **Bataille d'Aghrim.** Buste de **Guillaume III** à dr. GULIELM : III
D . G . M . BRIT : FR : ET HIB : REX . F . D . P . A ., sous le buste I. S.
(Jan Smeltzing). Rev. Comme sur la médaille précédente mais à l'ex.
REBELL . ET GALLI PROF . AGRI — HIB : FUSI . CAPT : AUT CÆS :
DUC - EXC : CAST : REL : APPAR : — BEL : UNIV : 1691. Med. Ill. II,
p. 31 n. 205. v. Loon III, 543. IV, 52 n. 3. Mm. 30. Ar. gr. 28.5. Belle
et fort rare.
Voir la reproduction.

237 — **Bataille de Leuze contre les Français. Henri Casimir** prince
de Nassau, Stadhouder héréditaire de Frise, Groningue et de Drenthe,
maréchal des provinces unies. Buste du prince à dr. HENR . CASIMIR
PR . DE NASSAU . ETC. Rev. Dextrochère armée au-dessus d'un champ
de bataille PRO PATRIA 1691. Manque à van Loon. de Vries en
de Jonge. pl. XI. 3. Mm. 52. Ar. gr. 41. Belle, rare.

238 1692. **Combat naval de Cap La Hogue.** Buste de Guillaume III
à dr. par Hautsch. Rev. Combat naval. v. Loon IV, éd. holl. p. 43,
fr. p. 104 n. 2. Med. Ill. II, p. 59 n. 258. Mm. 40. Ar. gr. 27. Avec
inscription sur tranche. Belle.

239 — **Combat naval de Cap La Hogue.** Bustes accolés de **Guillaume III** et de **Marie** à dr. Rev. Le combat naval. MOX NVLLA
SECVTA EST. v. Loon IV, holl. p. 36, fr. p. 98 n. 2. Med. Ill. II,
p. 64, 266. Mm. 50. Ar. gr. 55.5. Belle. Rare.

240 — **Combat naval de Cap La Hogue.** Neptune chassant Louis XIV
de son char marin. Vue du combat naval. Rev. La Victoire debout sur
une galère antique. v. Loon IV, holl. 36, fr. 98 n. 3. Med. Ill. II, p. 55
n. 251. Inscription sur tranche, par P. H. Müller. Mm. 49. Ar.
gr. 44.5. Belle.

241 1693. **Bataille de Landen ou Neerwinden. Médaille satirique.**
Buste de **Guillaume III** à g. GVLIELMVS . III . D . G . BRITANN ;
REX. Rev. Tambour battu par une main céleste, dans le lointain de
la cavalerie fuyante. MON SORT EST D'ESTRE BATTV. v. Loon IV,
holl. 79, fr. 138 n. 2. Med. Ill. II, p. 88 n. 307. Mm. 50. Ar. gr. 56.
Belle et fort rare.
Voir la reproduction.

242 1693. **Siége de Rheinfels.** Médaille satirique. L'ours (de Hesse) contre le coq (français) INSVLTANTEM — DE PLVMO. Rev. Vue du bombardement de Rheinfels HOSTIBVS . A . GALLIS . GERIT . ARX . RHEINFELSA .

TRIVMPHOS et à l'exergue HAVD ANNI{EGRESSVS / INGRESSVS} — FAVSTIOR . ESSE...
Belle médaille et fort rare. Mm. 47. Ar. gr. 80.
Voir la reproduction.

243 — **L'Electeur de Saxe chevalier de l'ordre de la Jarretière.** Médaille carrée. Med. Ill. II, p. 80 n. 293. v. Loon IV, holl. 66, fr. 125. Mm. 40. Ar. gr. 25. t.b.c.

244 1694. **Fête séculaire de la délivrance de Groningue des Espagnols.** v. Loon IV, holl. 116, fr. 175 n. 1. Mm. 49. Ar. gr. 40. Belle.

245 1695. **Mort de la Reine Marie d'Angleterre.** Son buste à dr. Belle médaille en bronze v. Loon IV, holl. 120, fr. 179 n. 3. Autre médaille sur sa mort. Br. coulée. b.c. et médaille de la ville de Deventer de 1693 coulée. Br. 3 ps.

246 — **Nicolas Witsen** ambassadeur en Angleterre, bourgemestre d'Amsterdam. Jolie petite médaille au buste à dr. Med. Ill. II, p. 147 n. 408. v. Loon III, holl. 470, fr. 438 n. 2. Mm. 24. Ar. t.b.c.

247 — **Mort de Marie Bontekoe.** Emblêmes de la mort entourées d'une banderolle avec inscription, dessous bouclier, à l'entour *Myn lichaem, dat nu rust* etc. Rev. Sur un bouclier *Ter gedachtenis — van —* MARIA BONTEKOE — *In den Heere gerust Anno een Duysent ses Hondert* 95 *den — † Maert Out synde — 85 Jaer.* A l'entour *Ter Eeren en gedachtenis soo will dit aenvaerden* etc. Médaille obituaire ovale, à des légendes gravées. Mm. 56/62. Ar. gr. 32.5. Belle et rare.

248 1696. **Conspiration contre la vie de Guillaume III.** Bustes accolés de **James II** et **Louis XIV.** HERODES ATQVE PILATVS, à l'ex ACTOR . IV . 26. Rev. James et Louis XIV debout, près d'eux le père Peter, le jeune prince sur une écrevisse, dans une forêt des hommes armés et une flotte sur la mer. IRRITA CONSPIRATIO et à l'ex. ADVERS . GVILLIELMVM . III . ANGLIAE REGEM . 3 . MART. 1696. Med. Ill. II, p. 151 n. 414. v. Loon IV, holl. 165, fr. 225 n. 3. Mm. 43. Ar. gr. 29.5. Belle.

249 — **Combat naval** entre la flotte française et la flotte hollandaise près de **Texel** AD TEXELLAM. Médaille au buste de Louis XIV. v. Loon IV, holl. 171, fr. 231. Mm. 41. Br. Belle.

250 — **Troubles à Amsterdam** à cause d'une loi sur les funérailles v. Loon IV, holl. 161 p. 221 n. 1 et n. 3 (2 ps. variées). Trois belles médailles en argent. gr. 128.

251 — Même sujet pl. 161—221 n. 3. Ar. gr. 25. Belle.

252 1697. **Cartaghène en Amérique** prise par les Français. HISPANORUM THESAVRI DIREPTI. Buste de Louis XIV à dr. Mm. 41. Br. Belle.

253 — **Paix de Ryswick.** Buste drapé de **Louis XIV** à dr. par Roussel LVDOVICVS . MAGNVS REX . CHRISTIANISSIMVS. Rev. La Paix debout mettant le feu à des armes SALVS EVROPÆ et à l'ex. PAX . TERRA . MARIQVE . PARTA 1697. v. Loon IV, holl. 199, fr. 257 n. 1. Med. Ill. II, p. 176 n. 466 Mm. 70. Ar. gr. 146. Belle et rare.

254 1697. **Paix de Ryswick.** Heaume d'où sort du blé PACIS ALVMNA
CERES. Rev. Quatre mains jointes COEUNT INFOEDERA DEXTRAE.
Médaille par Boskam. v. Loon IV, holl. 192, fr. 250 n. 5. Med. Ill. II,
p. 164 n. 438. Mm. 38. Ar. gr. 26.5. Belle.

255 — **Paix de Ryswick.** Médaille aux armoiries des Etats pactants.
Vue du temple de Janus CAESA FIRMABANT FOEDERA PORCA.
v. Loon IV, holl. 213, fr. 273 n. 2. Med. Ill. II. p. 169 n. 453. Mm. 49.
Ar. gr. 45.5. Belle.

256 1698. **Balthasar Bekker.** Buste à dr. Rev. Bekker combattant Cer-
berus. v. Loon IV, p. 225 n. 4. Son buste à g. par Boskam. Dirks
Penn. Rep. n. 2556. de Vries en de Jonge. pl. X, 6, y ajoutée une
médaille satirique en étain. 3 ps.

257 1699. **Arnhem. Mort de Willem Muys.** Médaille offerte par le magistrat d'Arnhem à Mme Veuve Muys (Barta ten Nuyl) *Willem Muys —
Geboren den 7 Marty —* 1639. *Oud - Burgermr. van — Wageningen. Arn-
hems Bur - ger Hopman Stads Rent — meester en Servysmeester —* etc.
Légende gravée en 8 lignes dessous ange couronnant un mort. Rev.
Lég. gravée en 8 lignes. v. Doorninck, pl. n. 6, de Vries & de Jonge,
pl. XII. 4. Dirks Penn. Rep. n. 2575. Mm. 60. Ar. gr. 32. Belle et rare.

258 — **Louis XIV.** Statue à Paris par Mauger. Mm. 41. Br. t.b.c. et 1697
Paix de Ryswick. Deux petites médailles de la ville de Muiden.
Ar. — 3 ps.

259 — Médaille au buste d'**Innocent XII Pape.** v. Loon IV, holl. 235,
fr. 293. Bronze et Médaille en argent du même Pape en mémoire du
nouveau siècle. Mm. 40. Ar. Belle. 2 ps.

260 — **Frédéric III électeur de Brandebourg.** Son buste lauré à dr.
FRIDERIC.III.D.G.ELECTOR.BRANDENBURGI. Rev. Les fleu-
ves le Rhin et le Danube couchés, en haut l'aigle sur un foudre
UTRINQUE DISPERSIT, à l'exergue DANUBIO . RHENOQVE —
LIBERATIS et sur la tranche LAUDES.PATRIAS.IMITATUR.ET
ANTEIT. Ar. gr. 67, t.b.c. Médaille rare.

261 S.d. **Brunswick. George Wilhelm.** Médaille à son buste cuirassé et
drapé à dr. par *Groskurt.* GEORGIVS.GVIL.D.G.DVX.BR.ET.
LVN. Rev. Cheval libre, dessous arbre et des plantes QUO FAS ET
GLORIA DUCUNT. Mm. 43. Ar. gr. 35. Belle.

262 1700. Mme Vve Siebrand Devlines née **Agneta Blok** cultiva les ananas
au Vyverhof près de Nieuwersluis. Son buste à dr. par Boskam. Rev.
Le Vyverhof. Mm. 60. Etain. Belle.
Décrite dans la brochure de M. van Doorninck sous le n. 1.

263 1700. **Troubles à Bruxelles apaisées par l'électeur de Bavière.**
Médaille satirique, homme coiffé de quatre ailes de moulin jetant des
flammes, foulant les emblêmes de la justice, à gauche sur un piedestal
le buste de Charles II, roi d'Espagne QUIS TULERIT GRACCHUS.
Rev. La Bruxelles assise appuyée sur une balustrade aux armoiries de
Bavière, plus loin on voit la ville occupée par les soldats de l'électeur, un
révolté entre deux soldats, et un autre décapité. SPERNE TIMENS VUL-
GUS. v. Loon IV, holl. 243, fr. 301. Mm. 57. Ar. gr. 77.5. Belle et rare.
Voir la reproduction.

264 1700. **Mort de Maria Camphuysen.** TER GEDAGTENIS VAN MARIA
     CAMPHUYSEN, DOCHTER VAN WYLEN DIRK RAPHAËLSZ
     CAMPHUYSEN, dessous tête de mort, en 7 lignes, dans le champ.
     Rev. GEBOOREN TOT VLEUTEN DEN EERSTE MAY ANNO 1618,
     GESTORVEN TOT AMSTERDAM DEN 29 MAART EN BEGRAA-
     VEN DEN DERDE APRIL ANNO 1700 en 9 lignes dans le champ,
     de Vries en de Jonge, pl. XII. 6. v. Doorninck brochure, p. 15 n. V.
     Penn. Rep. 2620. Mm. 42. Ar. gr. 12. Belle.

265 1701. **George August prince de Brunswick.** (George II). Son buste
     cuirassé à dr. GEORG . AVG . D . G . PRINC . ELECTORAL . BR . ET .
     LVN. par *Faltz.* ¦Rev. Fontaine dans le jardin à Herrenhausen, VIS .
     INSITA . DVCIT . IN . ALTVM à l'exergue 1701. Belle médaille. Reim-
     mann 3903. Mm. 50. Ar. gr. 65.5. Belle.

266 1702. **Attaque manquée des Français sur la ville de Nimègue.**
     Vue de la défense de la ville, les troupes françaises en retraite. v. Loon
     IV, holl. 299, fr. 354. Med. Ill. II, p. 233 n. 15. Mm. 42. Ar. gr. 37. Belle.

267 — **Combat naval à Vigo.** Trésors américains pris. Buste d'Anne
     à g. par Boskam. Rev. Le Combat. v. Loon IV, holl. 308, fr. 363 n. 1.
     Betts. Colonial med. n. 96. Med. Ill. II, p. 237 n. 20. Mm. 44. Ar. gr. 37 b.c.

268 — **Combat naval de Vigo.** Médaille miniature (Jeton) au buste de
     la reine **Anne** à g. par Laufer. Rev. Le port de Vigo, la flotte incen-
     diée. v. Loon IV, holl. 308, fr. 363 n. 4. Betts n. 95. Med. Ill. II, p.
     239 n. 23. Ar. Belle et rare.

269 1703. **Prise de Bonn, Huy, Limbourg, Rheinberg, Geldern par les
     alliés.** Médaille de la lotterie de la ville d'Alkmar. Médaille rare par
     Smeltzing. Dirks Penn. Rep.¦2729, Med. Ill. II, p. 247 n. 36. Mm. 46.
     Ar. gr. 43.5 t.b.c.

270 1704. **Troubles à Middelbourg apaisées.** Vue de l'hôtel de ville.
     v. Loon IV, holl. 415, fr. 463, y jointe médaille de prix de l'académie
     de Leiden. v. Loon I, holl. p. 198, fr. p. 195. Deux belles médailles en
     argent. gr. 85.5.

271 — Fonds „Queen Anne's Bounty", pour les pauvres et pour des demeures
     du clergé institué par la reine **Anne.** Son buste à g. par Croker. Med.
     Ill. II, p. 251 n. 43. Mm. 45. Ar. gr. 36.5. Belle.

272 1705. **Peter Kodde archevêque de Sebaste** de retour de Rome dans
     les Provinces-Unies. v. Loon IV, holl. 419, fr. 467. Mm. 45. Ar. gr. 36. Belle.

273 1706. **Délivrance de Barcelona.** Buste de **Charles III** à dr. Rev.
     Vue de Barcelone et de l'éclypse de soleil, par C. Wermuth. v. Loon IV,
     442, V, 22 n. 5. Med. Ill, p. 282 n. 88. Mm. 33. Br. Belle.

274 — Victoires de Charles III d'Espagne. Médaille carrée. Deux guerriers
     se combattant dans les nuages. Rev. Légende. v. Loon IV, 447, V, 27
     n. 1. Mm. 40. Ar. gr. 13. Belle.

275 — **Bataille de Ramillies,** conquête du **Brabant** et de la **Flandre.**
     Médaille au buste de la reine Anne à g. par Croker. Med. Ill. II, p. 284
     n. 92. v. Loon IV, n. 454, V, 33, n. 6. Mm. 35. Ar. gr. 16. Belle.

276 — **Mariage de Sophie Dorothée de Brunswick avec Friedrich
     Wilhelm I de Prusse** SOPH . DOROTH . REG PR . BORUSS . NAT .
     PR . BR . & . LUN. Son buste diadémé et drapé à dr. par *Hannibal.* Rev.
     FELIX . RENOVATI . FOEDERIS . OMEN. Arc en ciel au-dessus
     d'une mer, et à l'exergue OB NUPT . HAN . CELEB . XIV . NOV .
     M . DCC . VI. Pniower 180. Mm. 59. Ar. gr. 102. Belle médaille.
     Voir la reproduction.

277 1706. **Bataille de Ramillies**, conquête du Brabant et de la Flandre LVDOVICVS MAGNVS ANNA MAIOR. Belle médaille aux noms des villes prises. Med. Ill. II, p. 289, n. 98. v. Loon IV, p. 460, V. p. 39 n. 2. Mm. 43. Ar. gr. 29.5. Belle.

278 — **Turin délivrée par le prince Eugène de Savoie**. Médaille rare en étain, chute de Phaëton. Rev. Le prince Eugène embrassant le commandant de la ville de Turin, par Smeltzing. v. Loon IV, p. 465 V, p. 44 n. 1. Mm. 55. Etain t.b.c.

279 1708. **Prise de Sardaigne et de Minorque**. Buste d'Anna à g. par Croker. Med. Ill. II, p. 329 n. 157, v. Loon IV, p. 518, V, p. 95. Mm. 40. Ar. gr. 24. Belle.

280 — Même médaille en bronze. Belle.

281 1709. **Campagne de 1709. Tournay, St. Ghislain et Mons prises**. L'Europe assise sur sa vache protégée par quatre guerriers. Rev. La Renommée marchant sur des armes. Médaille coulée. v. Loon IV, p. 574, V, p. 149 n. 1. Med. Ill. II, p. 364 n. 205. Mm. 75. Ae. t.b.c. rare.

282 1710. **Prise de Douai, Béthune, St. Venant, Aire**. Médaille coulée. v. Loon IV, p. 598, V, p. 171 n. 2, Med. Ill., p. 376 n. 222. Mm. 86. Ae. b.c. Rare.

283 1711. **Charles VI** empereur. Son buste à dr. Rev. Globe crucigère sur un coussin, jolie médaille par Vestner. Mm. 33. — Jeton sur son couronnement comme roi romain à Franckfort. — Même sujet, petite médaille avec vue de la ville. Rev. Lég. en 13 lignes. Mm. 29. Trois pièces en argent. gr. 26.

284 1712. Congrès pour la Paix à Utrecht. Vue de la ville d'Utrecht CONGRESSUS . PACIFER INCHOAT . 29 IANUAR . MDCCXII etc. Rev. Quatre femmes (la Hollande, la France, l'Espagne et l'Allemagne) assises autour d'une table AUDIT UIDET TACET RIDET. v. Loon IV, p. 636, V, p. 208 n. 1, Med. Ill., p. 391 n. 246. Mm. 72. Ae. t.b.c. Coulée. Rare.

285 1713. **Paix d'Utrecht**. La Paix fermant la porte du temple de Janus. Rev. Europa assise. v. Loon IV, p. 657, V, p. 227 n. 2. Med. Ill., p. 402 n. 262 par Drapentier. Ar. Belle.

286 — **Paix d'Utrecht**. Méd. par D. de Wijs. Le Temps personifié dans les nuages au-dessus de la ville d'Utrecht. Rev. Mercure attendant deux forgerons occupés à changer des armes dans des fers de charrue. v. Loon IV, p. 657, V, p. 227 n. 3, Med. Ill., p. 404 n. 265. Mm. 46. Ar. gr. 37.5. Belle et rare.

287 -- **Paix d'Utrecht**. Médaille par Croker au buste de la reine **Anne**. à g. COMPOSITIS VENERANTVR ARMIS. v. Loon IV, 660 V. 230 n. 2. Med. Ill. II p. 400 n. 257. Mm. 36. Ar. gr. 16. Belle.

288 1714. **Paix d'Utrecht**. Belle et grande médaille de la ville d'Amsterdam. Pallas debout. Rev. Légende en 19 lignes PACE CVM POTENTISSIMIS GALLIARVM ET HISPANIARVM REGIBVS etc. v. Loon IV, 680 V. 248 n. 1. Mm. 70. Ar. gr. 135. Belle. Rare.

289 S. d. **Paix d'Utrecht**. La Renommée debout. Rev. La Hollandia assise. Médaillon coulé en bronze. Mm. 82.

290 1714. George I couronné roi d'Angleterre. Med. Ill. II, p. 424 n. 9. v. Loon IV, 686 V. 255. Mm. 35. Ar. Belle.

291 1714. Même médaille en bronze. Belle.

292 — **Temesvar et Belgrado prises** par **Charles VI**. Belle médaille au buste à dr. par Otto Hamerani. Rev. Des Dieux fleuves offrant des couronnes à la Victoire, sur un bouclier TEMESVAR ET BELGRADO EXPVGN, en haut PATET ORIENS, à l'ex. ROMÆ. Mm. 47. Ar. gr. 43.5. Belle.

293 1718. **Combat naval du cap Passaro.** Buste de George I, roi d'Angletterre à dr. par Croker. Rev. Colonne rostrale surmontée de la statue de Neptune. Med. Ill. II, p. 439, 42. Mm. 45. Ar. gr. 34. Belle.

294 1720. **Les Etats de Nimègue inaugurés comme gouverneurs de Culemborg.** Armoiries de Culemborg tenues par deux lions FULCIUNT ET ORNANT, dessous légende en 11 lignes. Rev, Légende en 25 lignes aux noms des magistrats *Jacob van Randwijk, Johannes de Cock van Delwynen, heer van Waddenoyen, Adriaan van Lynden, van Singendonck, Arnold van den Steen, Peter de Rook* en *Antonie Vos.* v. Loon. Suppl. n. 33. Mm. 85. Ar. gr. 176. Superbe médaille rare.

295 S. d. **Emden**. Médaille des Quarante. (Collegium der Vierziger) Vue de la ville. Rev. Sous un baldequin deux mains jointes, sans inscription sur la tranche. Reimmann 6525. Mm. 50. Ar. gr. 44. Belle.

296 1720. **John Law et la compagnie Mississippi.** Médaille satirique sur ce fameux financier *CREDIT ist Mausze-todt*. Un homme mort couché tenant un caducée et un paquet sur lequel WEXL BRIFFE. Rev. BANQVERODT *ist* A LA MODE. Figure à mi-corps de Low avec chapeau, vue de derrière entre VISIBILIS — INVISIBILIS, sur son dos MDCIC (pour MDCCXX) voir Dirks. Penn. Rep. n. 218. Variété de Med. Ill. II, p. 451 n. 59) et de Betts, American Colonial History, p. 59 n. 115. Mm. 27. Ar. Belle, frappée sur coin brisé. Rare.

297 — La même médaille, autre variété avec MDCCI (au lieu de MDCCXX) sur son dos. Ar. Belle et rare. Coin brisé.

298 — **John Law et la compagnie Mississippi.** QUI MODO CROESUS ERAT ⊕ IRUS EST SUBITO et en 15 lignes dans le champ *PARIS —* MISSISIPPISCHER — *ACTIEN* — GENERAL-DIRECTOR — EST. EST. — *LAWS.* — SCOTUS EDENBURGICUS — MERCATOR. — MONETARIUS — INTRIGATISSIMUS — BANQUIER & GENERAL — CONTROLLEUR. — FINANCIER. — TRES-RAFFINÉ. — MDCCXX. Rev. FURIAE CALLIARVM NATVRA — QUOD CITO FIT. CITO PERIT et en 7 lignes dans le champ TOLLUNTUR IN ALTUM UT LAPSU GRAVIORE RUANT. Dirks. Penn. Rep. n. 119. Betts, n. 119. Manque à Med. Ill. Mm. 33. Ar. Belle fort rare.
Voir la reproduction.

299 — **John Law et la compagnie Mississippi.** Son buste de face tourné à g., entouré d'une triple légende, il tient dans sa main un papier avec ACTIEN BILLETS, légendes ✳ Mr de LAWS, COMTE de TANCKERVILLE. CONSEILER du ROY DANS TOUTS SES — CONSEILS SURINTENDANT ET CONTROLLEUR GENERAL DES FINANCES du ROYAUME — DE FRANCE. Rev. Légende en 13 lignes *KWIA — MVNTVS —* FULD TEZIBI. — NICHT · LUSCHT MEHR HAT — ZUR LOTTERIE. — SO SCHAFFT VOR BILLETS — *ACTIEN* — HER. — IN DIE KREUZ UND IN — DAS QUER. — NACH DER IETZ'GEN — WELT BEGEHR — 1720. Betts, n. 123. Med. Ill. II, p. 450. 56. Mm. 33. Ar. Belle et fort rare.
Voir la reproduction.

300 1720. **John Law**. Même buste et mêmes légendes, au revers, légende
en 15 lignes DVRCH — *ACTIEN*, CREDIT, TEICH'. — GAERTEN,
LOTTERIE, — KUX', LIB'ROSS, BILLETS, — WIE AUCH DURCH
ALCHYMIE — KOMMT MAN — ZUMS — LIEBE GELT, — UND
WEIS SO GAR NICHT — WIE — IN ANNO QVO : — DEFICIENTE PE-
CV. — NOS FVGIT OMNE — NIA. Betts, p. 65 n. 124. Dirks. Penn. Rep.
n. 124. Mm. 33. Ar. Belle et fort rare.
Voir la reproduction.

301 — **John Law**. Homme habillé debout, regardant par une loupe marquée
100. des billets divers sur une table marqués 1000 et 100, et désignant de
l'autre main une coffre remplie d'argent, entouré d'une triple légende. VER-
GRÖSRVNGS GLAS THVTS HIER VND AN SO VIELEN ENDEN
— DAS SICH DIE KLVGSTEN AVCH DIE GELDSVCHT LASSEN
— BLENDEN et à l'exergue DER ACTIEN BETRVG — VND LIST.
Rev. Près d'une rivière une arbre à laquelle s'est pendu un homme,
un deuxième s'est jeté dans la rivière, un troisième désespéré veut lui
suivre et un quatrième s'en va à des pas précipités, le tout entouré
d'une double légende. DAS SPIEL IST NVN ENDECKT DAS BLAT
HAT SICH GEWEND . V . SO MACHT — DER BETRVG EIN
SCHRECKEN VOLLES END et à l'exergue DER GANZEN WELT
EIN — DENKMAL IST — 1720. Betts, p. 67 n. 128 var. Dirks Penn.
Rep n. 234. Mm. 41. Ar. Belle. Extrêmement rare.
Voir la reproduction.

302 1721. **John Law**. Un homme labourant, deux chevaux devant une
charrue, à l'entour en deux lignes BEATVM DIC SINE ACTIIS PATERNA
RVRA — QVI AGITAT — et à l'exergue en 5 lignes POST NVBILA
PHOEBVS — DVM ABIIT LAW A PARIS — IN SOLSTITIO LVNAE
— D . XIX DECR — XX. Rev. Légende en 10 lignes SPES — MALA
— DAT LAQVEOS — AVCTIS — PRO REBVS — AVARO — I . TIM . VI . — V . 6 .
INCI . 12 . — 17 . 18 . 19 . dessous |C.W. (Christian Wermuth). Betts, p. 72.
n. 135. Mm. 32. Ar. t.b.c. fort rare.
Voir la reproduction.

Les numéros 296—302 forment ensemble une suite de six médailles satiriques
bien rares et recherchées, commémorant les spéculations de ce fameux John Law
de Lauriston, qui par sa compagnie Mississippi ruïna des milliers de gens. —

303 1724. **Archevêché de Cologne. Canal près de Munster inauguré.**
Buste de **Clément August** duc de **Bavière** à dr. drapé du manteau
d'hermines. D . G . CLEMENS AVGVST ARCHIEP COL . S . R . I.
EL . EP . M . P . P . H . Rev. VTILITATI . PVBL . ET . COMMERCIIS.
Minerve debout à l'ex. FOSSA APERTA — 1724 . 9 . MAY. Mm. 49.
Ar. gr. 42,5. Belle médaille par Vestner.

304 1728. **Noces d'or de Cornelis van Aerssen** et **Maria Pauw** seig-
neur et dame de **Hogerheijde** Leurs bustes accolés à dr. par L. Popkes.
Rev. Leurs armoiries sous une couronne, dans le champ légende en
10 lignes, à l'entour TER GEDAGTENIS VAN ONS L JAARIGE
TROUW OUT LXXXI EN LXXV JAAREN. Dirks Penn. Rep. n. 374.
Mm. 63. Etain. t.b.c.

305 1730. **Saxe Gotha.** Médaille aux bustes accolés à dr. par Hoch de
Friedrich II de Saxe Gotha et de sa femme **Magdalena Augusta
d'Anhalt Zerbst** FRID . II . ET MAGD . AVG . DVCES SAXO . GOTH .
Rev. Obélisque en haut soleil brillant FIRMA STABIT et à l'ex.
GLORIAE FRIDER . II . D . S . G . — AMORE PALIS ET PIETATIS
— PERENNI DICATVM. A . — J . W . DE SYHBACH. Mm. 15. Ar.
gr. 37. Belle. Rare.

306 1731. **Mr. Gerard van Loon** numismate, écrivain, auteur de l'ouvrage renommé sur les médailles historiques, Son buste drapé à dr. par M. Holtzhey. v. Loon, Suppl. n. 2. Mm. 55. Ar. gr. 61.5. Belle et rare.

307 1732. **Andries Schoenmaker** numismate agé de 72 ans. Son buste de face décrivant une médaille. Rev. Légende gravée, var. de van Loon. Suppl. n. 4. Mm. 57. Bronze t.b.c.

308 1732. **Russie.** Naissance du prince héréditaire. Médaille par Vestner au buste de l'Impérature Elisabeth. Mm. 44. Ar. gr. 29.5. Belle.

309 — **La famille royale anglaise.** Bustes opposés de **George II** et de **Caroline**, par Croker. Rev. Les bustes des sept enfants. le prince de Galles, le duc de Cumberland, et des princesses Anne (plus tard princesse d'Orange) Amélie, Caroline, Marie et Louise. Med. Ill. II, p. 500 n. 47. Mm. 69. Ar. gr. 114. Belle.

310 1733. **Les émigrants de Salzbourg** reçus en Hollande, La Hollandia protégeant quatre émigrants. Rev. La Hollandia assise, var. de van Loon, Suppl. n. 81, les légendes en allemand. Dirks Penn. Rep. 502. Mm. 44. Ar. gr. 29. Belle.

311 1734. **Guérison du prince d'Orange.** Son buste à dr. par Holtzhey. Rev. La Santé debout donnant à manger à un serpent enroulé autour d'un autel. Suppl. 85. Mm. 30. Ar. Belle.

312 1734. **Mariage de Guillaume (IV), prince d'Orange avec la princesse Anne d'Angleterre.** Leurs bustes opposés par M. Holtzhey. v. Loon, suppl. 90. Med. Ill. II, p. 506 n. 54. Mm. 44. Ar. gr. 31.5. Belle.

313 — Même sujet. Buste du prince à dr. Rev. Buste de la princesse à g. par Holtzhey. Suppl. 86. Med. Ill. II, p. 509 n. 58. Mm. 30. Ar. Belle.

314 — Même sujet. Série de quatre jolies médailles en mémoire des fêtes à leur retour en Frise. v. Loon, Suppl. 91, 92, 93, 94. Série intéressante, toutes belles. Ar.

315 1736. **Naissance et mort d'un prince d'Orange.** Armoiries de Nassau et d'Angleterre. Rev. Femme assise avec le nouveau né, orange tombant d'un oranger, par v. Swinderen Suppl. 101. Med. Ill. II, p. 516 n. 71. Mm. 41. Ar. gr. 37. b.c.

316 — Fête séculaire de l'Académie d'Utrecht. Superbe médaille par J. Drapentier. Suppl. 104. Mm. 65. Ar. gr. 79. Belle.

317 — Même sujet v. Loon. Suppl. 106. Mm. 35. Ar. gr. 15.5. Belle.

318 — Même médaille. Ar. t.b.c.

319 1737. Inauguration de l'église luthérienne à Rotterdam. Méd. aux armoiries des magistrats. Suppl. 108. Mm. 48. Ar. gr. 41 par Holtzhey. Belle.

320 — Fête séculaire de la confrérie des arquebusiers à **Delft.** Suppl. 120 par Holtzhey. Mm. 39. Ar. gr. 24. Belle.

321 — **Entrée triomphale de Guillaume et Anne à Bréda.** Armoiries couronnes. Rev. Les Princes dans un char de triomphe. Suppl. 117. Med. Ill. II, p. 518 n. 74, par van Swinderen. Mm. 41. Ar. gr. 30. Belle.

322 1738. **Jubilé de la Paix d'Utrecht.** Médaille par van Swinderen, aux armoiries *d'Angleterre, Allemagne, France, Espagne,* **Portugal,** *Danemarc* et **Pologne.** v. Loon, Suppl. 127. Med. Ill. II, p. 525 n. 85. Mm. 55. Ar. gr. 64. Superbe.

323 1738. Fête séculaire du théatre à Amsterdam. Médaille par M. Holtzhey aux armoiries des régents. Suppl. 125. Mm. 49. Ar. gr. 43.5. Belle.

324 — **Mort du médecin Herman Boerhaave.** Médaille au buste à g. par Simon, v. Loon, suppl. 129 et au buste à dr. par Bemme. Suppl. 130. Deux médailles en bronze. t.b.c.

325 1739. La boîte de la Monnaie à Harderwyk ouverte. Manque à v. Loon, Dirks Penn. Rep. n. 647. Mm. 39. Ar. gr. 25. t.b.c.

326 — **Amiral Vernon** et **commodore Brown** leurs bustes opposés. Betts 258. Mm. 37. Ae. t.b.c.

327 1741. **Vernon, Ogle et Wentworth** debouts, en haut la Renommée Betts n. 311. Med. Ill. II, p. 554 n. 176. Mm. 40. Ae. b.c. Rare.

328 — **Prise de Cartaghène.** Don Blass à genoux devant Vernon, derrière Don Blass un navire, au dessus DON BLASS, à l'exergue ornement THE . PRIDE . OF . SPAIN . HUMBLED . BY . AD . VERNON. Rev. port de Carthagène, quatre vaisseaux allant un et trois, dessous ornement et APRIL — 1 . 1741. et lég. VERNON . CONQUERD . CARTHAGENA. Inédite. Mm. 39. Ae. Belle.

329 1740. 3me **Fête séculaire de l'invention de la typographie par Lour. Jansz. Koster à Harlem.** Série intéressante de cinq médailles en argent.
a. Son buste en bonnet à g. par Marshoorn, v. Loon suppl. 144. Mm. 36 gr. 19.
b. Superbe médaille par M. Holtzhey. Suppl. 145. Mm. 63. gr. 80.5.
c. Buste de Koster de face par M. Holtzhey. Rev. Lég. en 8 lignes. Suppl. 146. Mm. 47. gr. 35.
d. Buste de Koster à g. ALTER CADMVS. Rev. armoiries de Harlem couronnées etc. par v. Swinderen. Suppl. 147. Mm. 56. gr. 66.
e. Buste de Koster à g. par v. Swinderen. Rev. Femme debout portant 7 armoiries Suppl. 148. Mm. 42. gr. 31.
Série recherchée, tontes de belle conservation.

330 — Même sujet. Buste de Koster de face tourné à dr. par Holtzhey. Suppl. 146. Mm. 47. Ar. gr. 35. Belle.

331 1741. **Carl Wilhelm Friedrich de Brandebourg-Ansbach comte de Sayn Wittgenstein.** Son buste à dr. par Vestner. Rev. l'Equité debout VICTRIX ÆQVITAS et à l'ex. COMITATVS SAYNENSIS etc. Mm. 44. Ar. gr. 29.5. Belle.

332 — **Inondations dans les Pays-Bas.** *Gods slaande hand Bezoekt ons Nederland.* Suppl. 158. Mm. 48. Ar. gr. 47. Belle.

333 — Fête séculaire de la commune reformée à Bois - le - Duc. Suppl. 219. Mm. 32. Ar. 1742. Médaille sur l'amitié. Mm. 35. Ar. Belles. 2 ps.

334 1742. **La nouvelle église luthérienne inaugurée à Middelbourg.** v. Loon. Suppl. 163. par M. Holtzhey. Mm. 49. Ar. gr. 46. Belle.

335 — Préparations pour la guerre et des impôts dans les Pays-Bas. Belle médaille par M. Holtzhey. Suppl. 146. Mm. 55. Ar. gr. 57.5. Belle.

336 1743. Naissance de la princesse **Carolina de Nassau-Orange,** aux bustes opposés du prince Guillaume et de la princesse Anne. Suppl. 176. Belle — 1743. En honneur du professeur Jean Jacques Vitrarius, jurisconsulte à Leiden. Son buste à dr. Suppl. 177, b.c. Deux médailles en étain.

337 1743. Temps infortuné dans les Pays-Bas. Suppl. 196. — 1743. Le nouvel
an, suppl. 175. — 1743. Arrivée du gouverneur général von **Imhoff** au
cap de la Bonne Espérance. Suppl. 178 — 3 médailles en argent, dont
une belle et les deux autres bien conservées. gr. 30.

338 — **Mariage du prince Frédéric de Danemarc** avec la **princesse
Louise d'Angleterre.** Le prince et la princesse debout se donnant
la main FRIDERICVS . PR . HÆR . DAN . & LOUISE . PR . M . B, à
l'exergue CELEB : MDCCXLIII. Rev. Deux mains jointes au-dessus
d'un autel, en haut couronne HOFFNUNG KRONET REICH UND
LAND — VIVAT DIESES HOHEBAND, par Gödecke à Hambourg.
Médaille d'or rare. Med. Ill. II, p. 580 n. 218. Mm. 40. Or. gr. 17.2. Belle.

339 1744. **Traversée du Rhin, par Charles de Lorraine.** Son buste
cuirassé à dr. par Holtzhey. Rev. Le Rhin couché terrifié par Pallas
foudroyant. v. Loon. Suppl. 187. Mm. 50. Ar. gr. 44.5. Belle.

340 1746. Alliance entre les **Provinces - unies, l'Angleterre et l'Allemagne.** Suppl. 207. Med. Ill. II, p. 619 n. 291. Mm. 36. Ar. Belle.

341 1747. Peste bovine dans les Pays-Bas, traité de barrière rompu par la
France. v. Loon. Suppl. 221. Mm. 43. Ar. gr. 29. Belle.

342 — Le **Prince Guillaume IV, Stadhouder des Provinces Unies.**
Bustes opposés du prince et de la princesse, par M. Holtzhey. Suppl.
223. Med. Ill. II, p. 627 n. 314. Mm. 45. Vermeil gr. 31. Belle.

343 — Même sujet, proclamé en Hollande. Suppl. 227. Med. Ill. n. 317.
Mm. 38. Vermeil. gr. 21. Belle.

344 — Même médaille. Vermeil. Belle.

345 — Même sujet, proclamé à Utrecht. Suppl. 230. Vermeil. gr. 25.5. Belle.

346 — Même sujet, Bustes accolés du prince et de la princesse. Rev. *By
'l opgaen* etc. Suppl. 240. Med. Ill. II, p. 629 n. 318. Mm. 30. Ar. Belle.

347 — **Guillaume IV, proclamé Stadhouder.** Son buste à dr. par M.
Holtzhey. Rev. Légende en 5 lignes entourée d'une couronne avec les
armoiries des 7 provinces. Suppl. 246. Mm. 49. Ar. gr. 48. F.d.c.

348 — Même sujet. Buste du prince cuirassé et drapé à dr. GVL . CAR .
HENR . FRISO ARAVS ET NASS . PRINCEPS. Rev. l'Espérance debout
portant une fleur SPES PUBLICA à l'exergue FOED . BELG . PROCL .
GVB . etc. Belle médaille rare par L. Natter. Suppl. 248. Mm. 50. Ar. gr. 50.

349 — Même sujet. Six médailles en cuivre. Ae. t.b.c.

350 — Même sujet, médaille offerte aux gardes civiques de **Harlem**, par
Marshoorn. Suppl. 249, deux belles pièces dont une trouée. Ar. gr. 20.5.

351 - - Médailles des gardes civiques d'Amsterdam. Suppl. pl. 250. Mm. 33.
Ar. Belle.

352 - - Même sujet. Médaille pour la garde civique de Harlem, trouée.
t.b.c. et pour celle d'Amsterdam. coulée. b.c. 2 ps. gr. 18.

353 1748. La boîte de la Monnaie à Harderwyk ouverte sous **Guillaume
Quintus.** Suppl. 257. Mm. 40. Ar. gr. 18. Belle.

354 — **La princesse Caroline de Nassau Orange** agée de 5 ans. Médaille miniature. v. Loon, Suppl. 253. Mm. 21. Or. gr. 2.6. Belle.

355 1748. Même sujet. Ar. t.b.c. Naissance du prince héréditaire, cpz. Suppl.
255. 1749. Anniversaire de la paix d'Aix-la-Chapelle, quatre médailles
miniatures en argent.

356 — **Paix d'Aix-la-Chapelle.** Buste du prince Guillaume IV de Nassau-
Orange à dr. Suppl. 258. Mm. 43. Ar. gr. 29. Belle.

357 — **Paix d'Aix-la-Chappelle.** La Paix au dessus d'un autel. Rev. Les
armoiries des puissances pactantes. Suppl. 268. Mm. 43. dr. gr. 28. t.b.c.

358 — **Paix d'Aix-la-Chapelle.** Buste du prince Guillaume IV|à dr. en relief.
Rev. La Paix debout PAX AVGVSTA et à l'exergue AQVISGRANI
1748. v. Loon, Suppl. 267. Mm. 26. Ar. Belle. Rare.

359 — **Paix d'Aix-la-Chapelle.** Médaille de la ville de **Bois-le-Duc.**
Suppl. 269. Mm. 32. Ar. Belle.

360 — Même sujet. Médaille de Bois-le-Duc var. de Suppl. 269 à Mars
courant à dr. Mm. 28. Ar. Belle.

361 — **Guillaume IV inauguré comte de Culemborg.** Buste de Guil-
laume IV cuirassé et drapé à dr. par J. G. Holtzhey. W . C . H . FRISO
D . G . AR . ET . NASS . PR . COM . C . V . D . S . BVR . LEERD . CVLEMB .
FOED . BELG . GVB . HÆR. Rev. La ville de Nimègue offre les armoiries
de Culemborg au prince, à l'ex. GVLIELMO IV COMITATVM . CVLEMB .
— ÆT . DEV . ANIMI . MON . PROCERES TETR — NEOM etc. v. Loon,
Suppl. 282. Mm. 77. Ar. gr. 138.5. t.b.c. Rare.

362 1749. **Paix d'Aix-la-Chapelle.** Feu d'artifice à la Haye. Belle médaille
par J. G. Holtzhey. Suppl. 290. Mm. 61. Ar. gr. 75. Belle.

363 1750. **Le nouvel an.** Médaille par J. G. Holtzhey avec allusion aux
guerres, pestes bovines etc. et aux temps plus prospéreux. Suppl. 292.
Mm. 45. Ar. gr. 29. t.b.c., et même médaille plus petite. Mm. 36. Ar. b.c.

364 1751. **Naissance du duc de Bourgogne.** Buste de Louis XV, roi de
France à dr. par Duvivier. Mm. 41. Ar. gr. 35.5. Belle.

365 — Le prince d'Orange inauguré à Vere et Flessingue. Suppl. 298. —
1751. Mort du prince Guillaume IV de Nassau-Orange. Suppl. 303.
(2 ps.) — 1752. Enterrement à Delft. Suppl. 310. Quatre belles médailles
en argent. gr. 76.

366 1753. **Succession d'Adolph Friedrich IV en Mecklenbourg-
Strelitz.** Médaille à la Mecklenbourg personifiée debout dans un paysage. Rev. Lég. en 10 lignes. Coll. Pogge. n. 1746. Mm. 40. Ar. gr. 28.5. t.b.c.

367 — Le nouvel an. Médailles aux armoiries des sept provinces. Suppl. 329
plus grande. Mm. 43. Ar. gr. 29. Belle.

368 1755. **Tremblement de terre à Lisbonne.** La ville de Lisbonne assise
près d'une urne (le Taag) terrifiée par la vue du tremblement de terre
TERRÆ MOTVM VI . D . 1 . NOV . MDCCLV. Rev. Vue de la ville de
Lisbonne en haut LISBONA, par Holtzhey. Suppl. 335. Mm. 55. Ar.
gr. 53. Belle et rare.

369 1757. Victoire du roi de Prusse près de Prague. Son buste cuirassé à
dr. Dirks Penn. Rep. n. 1302. Mm. 48. Ae. Belle.

370 1758. **Frédéric III roi de Prusse.** Son buste cuirassé de face tourné
à g. FREDERICUS . . . — BORUSSOR . REX . Rev. Le roi debout en
habit antique entre deux figures allégoriques NIL — ORT — UM —
TALE et à l'exergue JURISC : PRUDENTISS . — IMP : SUM : PRINC
: OPT — MDCCLVIII. Henckel n. 1685. Mm. 40. Ar. gr. 24.5, avec
tranche fleuronnée. Belle, avec petit trou.

371 1759. Mort de la princesse Anne. Son buste à g. par I. G. Holtzhey.
Suppl. 349. Mm. 42. Ar. gr. 23. Belle.

372 — **Prise de Guadeloupe.** GVADELVPE SURRENDERS. Médaille
per Pingo. Med. Ill. II. p. 691. n. 427. Betts, n. 417. Mm. 40. Br. Belle
et rare.

373 — **Bataille de Minden.** Défaite des Français par les troupes du duc
Ferdinand de Brunswick. Le duc de Brunswick marchant comme
Perseus sur le champ de bataille VIRTVTI . CEDIT NUMERVS et
à l'ex. PROELIVM MINDENSE — IAVG : MDCCLIX. Rev. Arbre
florissante dans un paysage POST TOT DISCRIMINA RERUM et à
l'ex. FERD . PR . BRVNSV . — EXERC . FOED . DVX. Med. Ill. II.
p. 701. n. 432. Mm. 49. Ar. gr. 45. Belle et rare.

374 — **Victoires de Frédéric III de Prusse et George II d'Angleterre.** Bustes opposés des deux rois sous une couronne FRED *
KING * OF * PRVSSIA * KING GEORGE * THE * II * sous les
bustes 1759. Rev. Autour du buste en médaillon de **William Pitt** six
médaillons aux bustes du prince **Ferdinand,** Prince **Henry,** duc de
Brunswick, du général **Amherst,** colonel **Clive,** et de l'amiral **Bos-
cawen.** Med. Ill. II. p. 704. n. 438. Mm. 46. Ae. Belle et rare.

375 — **Friedrich III de Prusse.** Son buste cuirassé à dr. FRIDERICUS
BORVSSORUM REX. Rev. En 11 lignes NURNBERG — UND
FRANCKFURT — WILL ICH'S DENCKEN — BAYREUTH — etc.
Henckel 1641 Mm. 42. Ae. t.b.c.

376 1760. **Mariage de la princesse Caroline de Nassau-Orange avec
le prince Charles de Nassau Weilburg.** Petite médaille par van
Swinderen à leurs armoiries. Suppl. 359. Mm. 31. Ar. gr. 9.5. Belle.

377 — **Mariage de la princesse Caroline avec le prince Charles de
Nassau-Weilburg.** Leurs bustes accolés à dr. par I. G. Holtzhey. Rev.
Une ange et deux cupidons portant les armoiries au-dessus d'un autel
allumé. Suppl. 358. Mm. 41. Ar. gr. 25. Belle.

378 1762. **Prise de New-Foundland par les Anglais et paix d'Augsbourg.** Un Cupidon porté par un Indien pose une statuette de la
Paix sur une colonne, sur laquelle une double aigle portant en coeur
les armoiries d'Augsbourg, et en bas les armoiries d'Angleterre et de
France. EVROPAE ALMAM NE TARDET PACEM. Belle médaille
par I. G. Holtzhey. Betts p. 198. n. 442. Suppl. 365. Mm. 45. Ar. gr. 27.
fort rare. Belle.

379 — **Victoire des Anglais dans les Indes occidentales.** Buste de
Georg III à gr. Rev. Les noms des victoires. **Habana, Newfoundland,
Martinique, St. Lucie, St. Vincent, Tobago, Granada** et aussi
commémoration de la bataille de **Gräbenstein.** Belle médaille. Betts
441. Mm. 41. Ar. gr. 25.5. Rare.

380 1762. La boîte de la Monnaie de Harderwyk ouverte sous Novisadi. Suppl. 366. Mm. 38. Ar. b.c.

381 1763. **Préliminaires de la paix de Hubertsbourg et conduite courageuse du capitaine Salomon Dedel** dans le combat naval du 25 Aout 1762, par Holtzhey. Suppl. 361. Mm. 45. Ar. gr. 26. Belle.

382 — **Paix de Hubertsbourg.** Médaille par Duvivier au buste de Louis XV. à dr. Mm. 41. Ar. gr. 39. Belle, frappe postérieure.

383 — Médaille par Schega au buste cuirassé et drapé de **Friedrich Christian électeur de Saxe** à dr. Rev. Temple. dans lequel piedestal avec buste de Friedrich August de Saxe, à l'ex OBIIT V — OCTOBRIS — MDCCLXXII. Mm. 62. Ar. gr. 111.5. Belle.

384 1764. Inspection de la Monnaie de la Gueldre sous Novisadi. Suppl. 371. Mm. 40. Ar. gr. 23.5. Belle.

385 — **Traité de Paris, Canada cédé à l'Angleterre.** Mercure entouré de marchandises MAGNAS INTER OPES INOPS, par J. G. Holtzhey. Suppl. 370. Mm. 45. Ar. gr. 25. Belle.

386 1766. Le nouvel an. Allusion au commerce aux Indes néerlandaises et aux événements passés en Allemagne, par Holtzhey. Suppl. 381. Mm. 45. Ar. gr. 29. Belle.

387 — Le **prince Guillaume V de Nassau-Orange,** Stadhouder des Provincies-Unies. Médaille an buste à dr. par J. G. Holtzhey. Suppl. 382. Mm. 45. Ar. gr. 27. Belle.

388 — Le Prince Guillaume V, Stadhouder. Médaille au buste de face tourné à dr. Rev. Lég. en 8 lignes. Mm. 45. Br. t.b.c. et Calendrier d'Amsterdam au buste du prince. Ae. argenté. Belle.

389 — Guillaume V, Stadhouder. Suppl. 388. — Guillaume V à Utrecht. Suppl. 390. — Le même à Campen. Suppl. 394, à Vere et Flessingue Suppl. 408. 4 médailles en argent. gr. 41. Belles.

390 1767. La Société *Sincere* existe 50 ans Petite médaille en étain par Holtzhey. Suppl. 416. Mm. 30. t.b.c.

391 — **Mariage du prince Guillaume V** avec le **princesse Frédérique Sophie Wilhelmina de Prusse.** Buste du prince à dr. par v. Berckel. Rev. Génie près d'une obélisque aux armoiries des provinces. CREVIT AMOR VISV. Mm. 34. Ar. gr. 14. Belle.

392 — Même sujet. Médaille aux bustes accolés à dr. par van Moelingen. Rev. Deux génies tenant deux coeurs au-dessus d'un autel. Suppl. 403. Mm. 43. Ar. gr. 47.5 Belle Rare.

393 — Même médaille plus petite. Mm. 37. Ar. gr. 21. Belle.

394 — Même sujet aux bustes opposés des jeunes mariés par Holtzhey. Suppl. 405. Mm. 45. Ar. gr. 28. Belle.

395 — Même sujet. Médaille rare par Abraham médailleur à Berlin. Bustes accolés à dr. de Guillaume V et de Wilhelmine. Suppl. 406. Mm. 43 Ar. gr. 35. t.b.c.

396 — Même sujet. Buste du prince à dr. Rev. Buste de la princesse à g. par Holtzhey. Suppl. 113. Mm. 34. Ar. gr. 10. t.b.c. trouée.

397 1767. La même médaille, var. avec I.G.H.F sous le buste de la princesse. Belle.

398 1768. **Noces d'argent de Pet. Alb. van der Parra, gouverneur général des Indes néerlandaises et d'Adriana Johanna Bake.** Médaille à leurs armoiries frappée vraisemblablement aux Indes par un médailleur (*T. L. K.—fecit*). Leurs armoiries, dessous légende en 4 lignes. Rev. Jeune homme en habit de guerrier près d'un autel dessous DEN 13 IUNY A° — MDCCLXVIII entouré d'une quadruple légende. v. Loon, Suppl. X, pl. LXXXVII n. 426* où cette pièce elle-même fut reproducée. Mm. 56. Ar. gr. 84.5. Belle et extrêmement rare.

399 — Jubilé de 50 ans de la Société „Saturdags Gezelschap" à Amsterdam aux armoiries des membres, *Thierry, Dedel, Karseboom, Sweers, van der Hoop, Bicker, Dedel, van Loon, Reynst, Backer, Boudaen, Hooft, Boreel, de Flines.* v. Loon, Suppl. 418. Mm. 39. Ar. gr. 18.5. Belle.

400 — Le prince et la princesse à Amsterdam. Petite médaille. Suppl. 423 et 424a. Mm. 28 et 33. Deux pièces. Ar. gr. 19. Belles.

401 1770. Naissance de la princesse héréditaire d'Orange. Bustes accolés du prince et de la princesse à dr. par Holtzhey. Suppl. 440. Mm. 33. Ar. gr. 12. Belle.

402 — Même sujet. Buste du prince à dr. par van Moelingen. Suppl. 441. Mm. 37. Ar. gr. 21. Belle.

403 — Fête séculaire de l'hôtel de ville à Bois-le-Duc. Suppl. 446a. Mm. 28. Ar. Belle.

404 1772. Naissance du prince héréditaire d'Orange plus tard le roi Guillaume I. Buste de Guillaume V à dr. par v. Moelingen. Suppl. 477. Mm. 37. Ar. gr. 23. Belle.

405 — Même sujet. Médaille par van Calker. Suppl. 474. Mm. 35. Ar. Belle.

406 1773. Fête séculaire de la délivrance de Groningue du siége des évêques de Munster et Cologne. Suppl. 485. Ar. t.b.c.

407 1772. Jubilé de la délivrance de Brielle et Flessingue du joug français. Suppl. 467. — 1773. Guillaume V visite Leeuwarden. Suppl. 483B. — 1773. Jubilé de la délivrance d'Alckmar. Suppl. 484. Trois belles petites médailles en argent.

408 1774. **Inauguration de l'Académie de chirurgie à Paris.** Buste de Louis XVI à dr. par Duvivier. Rev. La nouvelle académie ÆDES ACADEMI.ET.SCHO.CHIRURG et à l'exergue REGIA MUNIFI-CENTIA INCHOAT — MDCCLXX ABSOL — MDCCLXXIV. Mm. 60. Ar. gr. 107. Belle.

409 1775. Nouveau livre des pseaumes. Suppl. 496. — 1774. Jubilé de la délivrance de Leiden. Suppl. 494B. — 1775. Jubilé de l'académie de Leiden. Suppl. 499. — 1775. Même jubilé. Suppl. 501. Rare. 4 belles médailles en argent. gr. 50.

410 1774. Jubilé de la délivrance de Leiden du joug espagnol. Vue de la ville. Rev. Colonne aux bustes. Suppl. 492. Mm. 39. Ar. gr. 20. Belle.

411 1775. Deuxième fête séculaire de l'académie de Leiden. Suppl. 498 et 500. Deux belles médailles en argent gr. 36.5.

412 1776. Pose de la première pierre par le duc Charles de Lorraine gouverneur des Pays-Bas. TEMPLI . GAUDENB . PRIMUM . LAPIDEM etc.
Mm. 44. Br. Belle.

413 — Inondations dans les Pays-Bas. Suppl. 513. — 1778. Fête séculaire
de l'orphélinat luthérienne à Amsterdam. Suppl. 530B. — 1779. L'Union
d'Utrecht fête séculaire. Suppl. 538 et 539 et 1777, médaille pour bonne
conduite, zèle et vertu par Lageman. Quatre belles médailles en
argent. gr. 49.

414 1780. **Guerre d'indépendence de l'Amérique.** Traité de neutralité
entre **la Suède, le Danemarc, la Russie et les Provinces-Unies.**
Médaille aux armoiries. Suppl. 548. Betts. 572. Mm. 32. Ar. gr. 12. Belle.

415 — **Traité de neutralité.** Belle médaille per Holtzhey au buste de
l'impératrice Cathérine de Russie à dr. Rev. MARE LIBERVM.
Belle médaille aux armoiries de Danemarc, Russie, Suède et des Pro-
vince-Unies. Suppl. 549. Betts 571. Mm. 49. Ar. gr. 43. Belle.

416 — **Cathérine de Russie.** Son buste lauré et drapé à g. sans légende.
Rev. Statue équestre de Pierre le Grand sur un rocher. METPY . I
— EKATEPNHA . II . Belle médaille par Leberecht. Mm. 64. Ar. gr.
117. rare.

417 1781. Le flotte de pêche hollandaise sauvée par la conduite de Jacob
van der Wint. Suppl. 554. Betts. 574. Mm. 32. Ar. Belle.

418 — Même médaille. Ar. F. d. c.

419 — **Mort du contre-amiral Willem Crul** dans un combat naval
près de St. Eustache. Son buste à dr. Rev. Tombeau. Suppl. 556. Betts
581. Mm. 45. Ar. gr. 30. Belle.

420 — **Combat naval près de Cadiz.** Deux vaisseaux hollandais. **Briel
et Castor** commandés par les **capitaines Melvill et Oorthuys**
combattant deux vaisseaux anglais VIS VI FORTITER REPULSA et
à l'exergue PROPE GADES XXX MAY — MDCCLXXXI. Rev. Trident
auquel sont suspendues les armoiries de l'amirauté et des capitaines
Melvill et Oorthuys ANTIQVA VIRTVTE DVVM — VIRI. Suppl.
559. Betts 583. Mm. 45. Ar. gr. 31.5. Belle médaille par I. G. Holtzhey.
Rare.

421 — **Voyage de l'empereur Joseph II dans les Pays-Bas.** Son
buste à dr. par van Baerll. Rev. Légende en 10 lignes dans le champ.
entourée de la légende. ⚜ PEREGRINATUR IN BATAVIA ILLU-
STRISSIMUS. Suppl. 561. Mm. 47. Ar. gr. 42.5. Belle et rare.

422 — **Combat naval de Doggersbank.** INJVRIIS COACTA. Médaille
aux noms des officiers en chef. Suppl. 562. Betts 589, par Holtzhey.
Mm. 45. Ar. 28.5. Belle.

423 — La même médaille, gr. 30. Belle.

424 — La même médaille, gr. 30.5 Belle.

425 — **Combat naval de Doggersbank,** PAS KOOMT DE VLOOT IN
ZEE, par Lageman. Suppl. 564a. Betts 590 Mm. Ar. Belle.

426 — **Combat naval de Doggersbank. Mort de Wolter Jan Baron
Bentinck.** Belle médaille par Holtzhey. Suppl. 565. Betts 587. Mm. 45.
Ar. gr. 29. Belle.

427 — Même médaille gr. 30.5. Ar. Belle.

428 1781. **Combat naval de Doggersbank.** Médaille offerte en or aux officiers par les Etats généraux. Suppl. 566. Mm. 89. Etain.

429 — **Combat naval de Doggersbank. Médaille d'or** ovale offerte par le prince d'Orange à l'amiral Zoutman. PAX QVAERITVR BELLO. Victoire debout sur une proue de vaisseau sur laquelle DOGGERS-BANK, dans le champ V . AVG . — MDCC — LXXXI. Rev. Dans une couronne de laurier EXIMIAE — VIRTU — TIS — PRAEM — IVM et à l'entour MVNIFICENTIA PRINCIPIS AVRIACI par Schepp. Suppl. 567A. Betts. 585. Or. gr. 17. Très belle et fort rare.
Voir la reproduction.

430 — La même médaille en argent pour les officiers. Betts 586. Ar. t.b.c. Rare.

431 1782. **L'indépendance de l'Amérique** reconnue par les Etats de la Frise. Médaille par v. Calker. Suppl. 572. Betts 602. Mm. 44. Ar. gr. 31. Belle.

432 — **L'indépendance de l'Amerique** reconnue par la Hollande LIBERA SOROR et au revers l'unicorne anglais cassant sa corne contre un rocher. Belle médaille, par Holtzhey. Suppl. 573. Betts 603. Mm. 45. Ar. gr. 27.5. Rare.

433 — **Traité de commerce entre la Hollande et l'Amérique.** Médaille par la ville d'Amsterdam FAVSTISSIMO FOEDERE JVNCTÆ, par Holtzhey. v. Loon, Suppl. 575. Betts 604. Mm. 46. Ar. gr. 28. Belle.

434 — **Traité de commerce** entre la Hollande et l'Amérique, par van Baerll. Suppl. 576. Betts 606. Mm. 32. Ar. Belle.

435 — Les Etats d'Overyssel à Mr. J. D. van der Capellen tot den Poll. Suppl. 578. Mm. 34. Ar. Belle. — 1783 Jeton en cuivre du blocus de Gibraltar. Suppl. 584. Ae. t b.c.

436 1781. Médaille de prix EERPRYS DES OECONOM : TAKS décernée à *Hendrik Valkenburg*, par Holtzhey. Mm. 50. Ar. gr. 46. Belle.

437 — Belle médaille par van Berckel, au buste à dr. de **Joseph II** empereur d'Autriche. Rev. VINCVLVM FIDELITATIS PVBLICÆ. Mm. 46. Br. Belle.

438 — **Friedrich Ludwig comte de Loewenstein Wertheim.** Jubilé de son règne de 50 ans. Son buste à dr. FRIED : LUD : S : R : I : COM : IN : LOEWENST : WERTH : & Rev. Sur une porte 8 écussons aux armoiries ANNI VERSARIUM 50 ANNORUM REGIA . D : 14 : MART . 1781 à l'entour VOLLRATUM FRATREM JUBILANTEM EXCIPIT etc. Mm. 56. Ar. gr. 50.5. Belle. Rare.

439 1782. **Liberté de culte pour les Juifs et les réformés.** Médaille par Holtzhey au buste de Joseph II, à dr. Rev. L'empereur à genoux devant un autel AMICISSIMA VERITAS. Manque à van Loon. Mm. 45. Ar. gr. 30. F.d.c.

440 — **Paul I et Maria Federowna** empereur et impératrice de **Russie** visitent **Bruxelles.** Leurs bustes accolés à dr. par v. Berckel. Rev. Globe, trophée etc. BRVXELLIS . MENSE JVL . MDCCLXXXII. Dirks Penn. Rep. 1916. Mm. 41. Ar. gr. 28. t.b.c.

441 — **Blocus et occupation de Gibraltar par les Anglais.** Vue de Gibraltar. Rev. BRUDERSCHAFT et dans une couronne de laurier REDEN — LAMOTTE — SYDOW — ELIOTT. Belle médaille par Pingo. Mm. 49. Ar. gr. 50. Rare.

442 1783. Armement des citoyens d'Utrecht. Suppl. 598. Mm. 42. Ae. doré. t.b.c.

443 — Fête séculaire de l'hospice pour les vieillards. Suppl. 584. Mm. 34.
Ar. Belle.

444 — Même pièce. Belle.

445 — **Armement des Pays-Bas.** La Liberté sur un bouclier portée par
sept soldats et vue de troupes, dessous ONWRIKBAAR et à l'entour
TOT STEUN VAN DE VADEREN DES VADERLANDS. Suppl. 599
par Holtzhey. Mm. 45. Ar. gr. 25. Belle.

446 1784. Médaille pour les membres honoraires de la société St. George
à Dordrecht. Suppl. 600. Mm. 41. Ar. t.b.c.

447 — **La Société des Indes orientales au vice-amiral français de
Suffren.** Tête de Déesse coiffée à l'antique d'une trompe d'éléphant,
dessous gouvernail sur lequel ⚓ et un dauphin SOCIETAS . INDICANA .
ORIENTALIS . FOED . BELG. Rev. Dans une couronne de laurier en
8 lignes INGLYTO . — VIRO . D . SVFFREN . — REGIS . GALLIAE .
ARCHI — THALASSO . FORTISSI — MO . OB . COLONIAS . DE —
FENSAS . ET . SERVA — TAS . MDCCL — XXXIV ., par Schepp. Suppl.
à v. Loon, n. 607. Mm. 83. Ar. gr. 376. Très belle et extrèmement rare.

448 1785. Mort de J. A. van der Cappellen tot den Pol. Suppl. 818. Mm. 45.
Ar. gr. 26.5. Belle.

449 — **Traité de l'Escaut.** v. Loon, Suppl. 626*b*. Mm. 45. Ar. gr. 24. t.b.c.

450 — Paix avec l'empereur d'Autriche et traité avec la France. Médaille
de la ville d'Amsterdam. Suppl. 627, par Holtzhey. Mm. 49. Ar.
gr. 38.5. Belle.

451 — **Académie de la Frise.** Suppl. 623 et 1786. Académie d'Utrecht.
Suppl. 643 (trouée) et médaille de l'académie de Leiden LVDI SECU-
LARES. Trois belles pièces. Ar. gr. 54.

452 1786. **Guillaume V et ses deux fils.** Petite médaille aux bustes par
Schepp. Suppl. 636. Ar. Belle.

453 — Les gardes civiques sur le Neude à Utrecht, var. de Suppl. n. 639B
avec couronne de laurier au revers. Ar. Belle.

454 1786. **Friedrich Wilhelm II roi de Prusse.** Son buste drapé à g.
Rev. Pallas debout par Loos. Mm. 42. Ar. gr. 27.5. t.b.c.

455 (1787). **H. Hooft, bourgmestre d'Amsterdam.** Médaillon en ivoire
au buste en médaillon du bourgmestre, à dr. la ville d'Amsterdam assise,
à g. des cupidons et obélisque. Rev. Chien (Keeshond) debout à g.
Mm. 50. Belle pièce.

456 — **H. Hooft.** Médaillon au buste en relief comme Suppl. 656. Oval.
Ar. Belle.

457 — Le buste de H. Hooft, comme sur le médaillon. Suppl. 671. Ar. Belle.

458 — **Les Patriotes réunis à Utrecht aux Etats de Hollande.** OB-
CIVES SERVATOS — ANNO . A . FOED . VLTRAJECT . CCVIII. Suppl.
684. Mm. 40. Ar. gr. 26.5. Belle fort rare.

459 1787. **Rencontre près de Jutfaas.** Petite médaille par Lageman.
Suppl. 686. Ar. Belle.

460 1787. **Troubles sur Kattenburg (Amsterdam).** Suppl. 687. Mm. 32.
Ar. gr. 11. Belle et rare.

461 — **Troubles à Delftshaven.** Médaille aux bustes accolés du prince
et de la princesse. Suppl. 695. Mm. 36. Ar. gr. 12. Belle, petit trou.

462 — Médaille pour les gardes civiques d'Amsterdam. Suppl. 696. Mm. 35.
Ar. Belle.

463 — **Les troupes prussiens à Heusden.** Vue de la ville et des troupes.
Suppl. 698. Mm. 39. Ar. Belle.

464 — **Restauration du prince.** Bustes opposés de **Guillaume V** et
Wilhelmina. Rev. Légende. Suppl. 704. Mm. 34. Ar. Belle, petit trou.

465 — Le **duc de Brunswick**, restaurateur du repos dans les Pays-Bas.
Autel au - dessus les armoiries des 7 provinces. Suppl. 710. Mm. 41.
Ar. gr. 23.5. Belle.

466 — Médaillon en ivoire au buste drapé du **duc de Brunswick** à dr.
Uniface. Mm. 42, Beau.

467 — Médaille portative ovale au buste du **Guillaume V** à g. Rev.
Buste de **Wilhelmina** comme Pallas à dr. par Schepp. v. Loon, Suppl.
718. Ar. Belle et rare.

468 — Broche, médaillon en pierre grisâtre au même buste de la princesse,
cadre en argent doré.

469 S. d. Médaillon portative au buste de **Guillaume V**. Entourage de
feuilles. Suppl. 731. Ar. Belle.

470 S. d. Médaillon portatif au buste de **Guillaume V** à g. Suppl. 732 var.
Ar. Belle.

471 S. d. Au buste du prince à g. dans un entourage rayonnant et autre
aux bustes opposés du prince et de la princesse. 2 pièces coulées. Ar.

472 1788. **Les troubles apaisées et l'acte de garantie pour le Stad-
houdérat.** Bouclier sur lequel HEROIBVS — PATRIIS — LIBERTAS —
PVBLICA. Rev. Légende en 14 lignes REPUBLICA . — TIRANNIDE .
PROSTRATA — etc. Suppl. 774. Mm. 90. Ar. gr. 287. Belle.

473 — Même sujet. Médaille des Etats de Gueldre. Suppl. 776. Mm. 40.
Ar. gr. 31.5. Belle.

474 — Même sujet. Médaille au buste du prince **Guillaume V** à g. par
Lageman. Rev. Pyramide. Suppl. 775. Mm. 39. Ar. gr. 18. Belle et rare.

475 1790. Deux médailles de la révolution belge. Ar. Belles.

476 — **Cathérine II, impératrice de Russie. Paix avec la Suède.**
Buste de l'Impératrice à dr. par Iwanoff. Rev. Brauche d'olivier dans
une couronne de laurier. Belle médaille aux légendes russes. Mm. 76.
Argent. gr. 100. Rare.

477 — Confédération des Français. Mm. 35. Br. doré portative. b.c.

478 — Médaille militaire russe ovale pour le campagne en Turquie. *E* couronné. Rev. Lég. en 5 lignes. Mm. 82/40. Ar. a.b.c. Trouée.

479 1791. Mariage du prince d'**Orange** avec la princesse **Frédérique Louise Wilhelmina de Prusse**. Leurs bustes accolés à g. par Loos. Suppl. 797. Mm. 45. Br. Belle.

480 — Mariage de **Frédéric duc de York** avec **Frédérique Carolina Ulrica Cathérine princesse de Prusse**. Leurs bustes accolés à g. par Loos. Mm. 45. Ar. gr. 28. Belle.

481 1792. **Gustave III, roi de Suède**. Petite médaille au buste à dr. par Fehrman. Rev. couronne. Mm. 30. Ar. Belle.

482 1793. **Valenciennes prise par le duc de York**. Buste en relief à g. FREDERICUS DUX EBOR : EPISC : OSNABURG. Rev. Le duc de York reçoit les clefs. VALENTIANA EXPUGNAT . IUL . XXVIII. MDCCXCIII. Avec inscription sur la tranche. Mm. 40. Ar. gr. 29. Belle. Rare.

483 — Le prince Guillaume VI, commandant de Zuid-Holland. v. Loon, Suppl. 809a. Mm. 31. Ar. Belle.

484 1793/94. **Mort de Louis XVI. Marie Antoinette et Elisabeth de France**. Leurs trois bustes accolés à dr. par de Puymaurin. Mm. 41. Br. Belle.

485 1796. **Bataille de Castiglione, combat de Peschiera et Bataille de Millesimo, combat de Dego**. Millin pl. I, n. 2 et 4. Deux belles médailles en bronze. Mm. 43.

486 — **Passage du Tagliamento et Reddition de Mantoue**. Millin, pl. III, 7 et pl. I n. 5. Deux belles médailles en bronze. Mm. 43.

487 1797. **Couronnement de Paul I, empereur de Russie**. Son buste à dr. par Leberecht. Rev. Croix. Mm. 43. Ar. gr. 30.5. Belle.

488 1798. **Victoires sur mer des Anglais sur les Français**. Belle médaille par Küchler au buste de **George III** à g. Rev. La Britannia assise près des trophées d'armes MARI VICTRIX TERRAQUE IN-VICTA. Mm. 48. Ar. gr. 62. Belle.

489 1799. **Le comte Suwarrow**, maréchal, défaite des Français et le passage de l'Adda forcé. Belle médaille en étain au buste de face. Mm. 38. Rare.

490 — **Arrivée de Bonaparte à Fréjus**. Médaille par Galle. Hennin pl. 95 n. 921. Millin pl. XXV, 21. Mm. 33. Br. Belle.

491 1800. **Conspiration contre la vie du roi d'Angleterre** . GOD SAVE THE KING. Ange protégeant médaillon au buste du roi. Rev. Couronne sous un soleil dans un entourage de laurier PRESERVED FROM ASSASSINATION. Mm. 38. Ar. Belle.

492 — **Bataille de Marengo**. Belle médaille par Lavy au buste du Premier Consul à g. Rev. Hercule donnant la main à l'Italie. Millin pl. VII, 24. L. Bramsen 42. Mm. 53. Ar. gr. 73. Belle.

493 1801. **L'Ile de Ternate défendu par le gouverneur Joh. Godf. Budach contre les Anglais**. Colonne sur laquelle un bouclier avec TER - NA - TEN vue de l'ile, entouré de vaisseaux DOOR GEWELD, LIST EN HONGER GEPERST verlost 4 AUG. 1799. Rev. DE RAAD DER ASIATISCHE BEZITTINGEN EN ETABLISSEMENTEN VAN DE BAT. REP. et en 10 lignes dans le champ aan — JOH. GODF. BUDACH — GOUVERN. EN DIRECT. — TERNATEN . tegens de — BRITTEN en MOOREN — kloekmoedig verdedigd — hebbende, tot eene — ERKENTENIS — 1801. Médaille par Holtzhey. Suppl. 847. Mm. 54. Ar. gr. 58. Belle et rare

494 1801. **Le nouveau siècle.** Le temps personifié sur le globe. Rev. En
6 lignes MAY THIS - AND EVERY FUTURE - AGE - WITNESS THE
PROSPERITY - OF THE - UNITED KINGDOMS, branche de roses et
JANUARY 1, 1801, par Hancock. Mm. 39. Ar. Belle.

495 — **Paix de Lunéville.** Les préliminaires avec l'Angleterre signées
THEY SHALL PROSPER THAT LOVE THEE. L. Bramsen 162.
Millin pl. XV, n. 50. Mm. 39. Ar. Belle.

496 — **Paix de Lunéville.** Buste de Bonaparte à dr. par Bückle. Rev.
La Paix volant au-dessus des champs de batailles de Marengo. Hohen-
linden et Aboukir. M. pl. LXII, 394 var. Bramsen 117. Mm. 40. Etain.
Belle et rare.

497 1802. **Paix d'Amiens.** Tête de Bonaparte à g. BONAPARTE PR.
CONSUL DE LA REP. FRAN, sa tête signée DROZ. F. (par Droz).
Rev. LE RETOUR D'ASTREE. Astrée descendant sur la terre,
sur la tranche PAIX GENERALE A AMIENS AN DIX MDCCCII.
Bramsen 199. Millin pl. XI, n. 52. Superbe médaille par Droz. Mm. 40.
Ar. Rare, fort belle.

498 — **Paix d'Amiens.** Médaille portative en étain au buste de **Bonaparte Ier Consul** en uniforme à g. Rev. Dans une entourage en trois
lignes dans le champ PAIX - GENERALE — AN 10. Bramsen 211.
Mm. 41. t.b.c.

499 1803. **Nieuwer Amstel.** *Concours de traineaux à grelots à 't Kalfje.*
Bouclier en forme de coeur portant les armoiries de Nieuwer-Amstel
entourées de NIEUWER & AMSTEL, dessous en 4 lignes 'T KALFJE
MET DE — NARRESLEE — VERREEDE DEN — 9ᴱ FEBᴿ — 1803.
Mm. 64,69. Ar. Belle. Pièce intéressante.

500 — **De Nat. Nederl. Huish. Maatschappij** à Harlem existe pendant
25 ans. Belle médaille par Holtzhey. Suppl. 886. Mm. 32. Ar. Belle.

501 — **La Vénus de Médicis.** Buste du premier consul à dr. par Jeuffroy.
Rev. La Statue de la Vénus de Médicis AUX ARTS LA VICTOIRE.
Bramsen 280. Millin pl. XXX, 70. Mm. 40. Ar. Belle.

502 — **Le traité d'Amiens rompu par l'Angleterre et le Hanovre
occupé par l'armée française.** Le léopard anglais déchirant un
papier. Rev. La victoire à cheval à dr. Belle médaille par Jeuffroy.
Bramsen 271. Millin pl. XXX, 69. Mm. 40. Ar. Belle. Rare.

503 (1804). **La légion d'Honneur.** Tête laurée de l'Empereur à dr. par
Andrieu. Rev. La croix de la légion d'honneur, par Jaley. Bramsen
310. Millin pl XXXI, 78. Mm. 40. Ar. Belle.

504 1805. **Prise de Vienne et de Presbourg.** Buste de Napoléon I à dr.
par Andrieu. Rev. Napoléon entre deux femmes par Galle. Millin pl.
XXXIV, 106. Bramsen 443, Mm. 41. Ar. Belle.

505 — **Bataille d'Austerlitz.** Buste laurée de Napoléon I à dr. par Andrieu.
Rev. Foudre ailé. Millin pl. XXXIV, 109. Bramsen 445. Mm. 41. Ar.
Belle, frappe post.

506 — **Vénise rendue à l'Italie.** Médaille postérieure à la tête de Napoléon I
à dr. par Andrieu. Rev. Le pont de Rialto par Brenet. Millin pl. XXXV,
115. Bramsen 460. Mm. 41. Ar. Belle.

507 1805. Te Deum dans le cathédrale de Vienne. Buste de l'Empereur Napoléon I à dr. par Droz. Rev. Le Cathédrale de St. Etienne par Andrieu. Bramsen 461. Millin pl. XXXIV, 114. Mm. 41. Br. t.b.c.

508 1806. **Louis Napoléon roi de Hollande.** Son buste à dr. par George. NAP. LOUIS I. ROI DE HOLLANDE CONN. DE FRANCE. Rev. Ses armoiries. Nahuys I, pl. I, 3. Bramsen 528. Mm. 50. Br. Belle.

509 — **Louis Napoléon roi de Hollande.** Plaquette repoussée au buste en habit royal à g. du roi de Hollande LOUIS NAPOLEON ROI DE HOLLANDE, le tout entouré d'une bordure. Nahuys II, pl. I, 5. Bramsen 529. Mm. 45. Ae doré. Belle et rare.

510 S. d. Médaillon au buste de l'Empereur Napoléon I à g. par Gayrard. NAPOLEON LE GRAND dans un cadre en cuivre. Mm. 70. Ae t.b.c.

511 S. d. **Académie royale de Beaux Arts à Milan.** Belle médaille par Manfredini. R. ACADEMIA DI BELLE ARTI IN MILANO. Minerve assise portant une groupe des trois Graces. Rev. Dans une couronne PREMIO. Comp. Bramsen n. 584— 587. Mm. 63. Ar. gr. 91. Belle et rare.

512 S. d. **Académie impériale royale de Beaux Arts.** IMPERIALE REGIA ACCADEMIA DELLE BELLE ARTI par Manfredini, comme la pièce précédente. Rev. Dans une couronne COMMISSIONI STRA ORDINARIE. Mm. 63. Ar. gr. 109. Belle.

513 1807. **Slave Trade abolished.** (Le commerce d'esclaves). Belle médaille au buste de William Wilberforce à dr. Légende incuse WILLIAM WILBERFORCE M.P. THE FRIEND OF AFRICA. Belle médaille. Mm. 54. Ar. gr. 50. Rare.

514 1805. **Mort de Frédéric Klopstock,** poète renommé né à Quedlinbourg, par Caqué. Mm. 41. Br. t.b.c.

515 1806. **S. A. R. Louis Ch. Auguste Prince de Bavière visite la Monnaie de Paris.** Buste du roi de Bavière à dr. MAXIMIL. IOS. ROI DE BAVIERE. Rev. En 6 lignes S. A. R. — LOUIS CH. AUGUSTE PRINCE DE BAVIERE — VISITE LA MONNAIE — DE PARIS — 3 MARS 1806 et sur la tranche BALANCIER A VIROLE ADOPTÉ EN 1803. Mm. 28. Br. Belle et rare.

516 1807. **Bataille de Friedland.** Buste à dr. par Andrieu. Rev. par Brenet. Bramsen n. 633. M. pl. XLI, n. 216. Mm. 41. Ar. Belle. Postérieure.

517 — **Prise de Berlin, Warschau et Königsberg.** Buste de l'Empereur par Andrieu. Rev. par George. Bramsen n. 634. M. pl. XLI, n. 217. Mm. 41. Ar. Belle.

518 — **Paix de Tilsit.** Buste de l'Empereur à g. Rev. TRAITE DE PAIX SIGNE A TILSIT LE 7 JUILLET 1807. Napoléon, l'Empereur d'Autriche et le roi de Prusse dans un pavillon. Bramsen n. 641. Médaille portative en étain. Mm. 39. t.b.c.

519 — **L'Indépendance de Dantzick.** Buste lauré de Napoléon à dr. par Andrieu. Rev. Napoléon relevant la ville de Dantzick agenouillée, par Andrieu. Bramsen n. 652. M. pl. XLI, n. 214. Mm. 41. Ar. Belle post.

520 — **Erection du duché de Varsovie.** Buste de Napoléon à dr. par Andrieu. Rev. Trône, par Brenet. Bramsen n. 653. M. pl. XLII, 223. Mm. 41. Br. Belle.

521 1807. Marque de chien (Impôts) de la ville d'Amsterdam, y ajoutées
les mêmes pièces de 1797, 1798, 1799, 1800, 1801, 1802, 1803, 1804, 1805,
1806 et une de 1896. Lot intéressant de 11 pièces en étain et une en cuivre.

522 1808. **Congrès d'Erfurt.** Vue de la ville d'Erfurt. Rev. NAPOLEONI
GRATA CIVITAS par Facius. Bramsen n. 745. M. pl. XLIII, 232.
Mm. 43. Br. Belle.

523 — **Portugal. Restauration du gouvernement.** Les armoiries de
Portugal sur un trophée d'armes. Rev. Lég. en 10 lignes. AS ARMAS
PORTUGUEZES etc. Fernandes pl. 25.75. Mm. 40. Etain t.b.c. trouée.

524 1809. **Bataille de Ratisbonne.** Tête de Napoléon à g. par Vassallo.
Rev. Encelade écrasé sous le mont Etna. Bramsen n. 846. M. pl. XLIV,
238. Mm. 42. Ar. Belle.

525 — **Bataille de Raab.** Tête laurée de Napoléon à dr. par Andrieu.
Rev. par Dubois. Bramsen n. 854. M. pl. XLV, 242. Mm. 41. Br. Belle.

526 — **Napoléon à Schoenbrunn et Anvers attaquée par les Anglais,**
par Domard et Depaulis. Bramsen n. 870. Mm. 44. Ar. Belle.

527 — **Paix de Vienne.** Médaille par Andrieu. Bramsen n. 876. M. pl.
XLV, 249. Mm. 41. Br. t.b.c.

528 — **Victoires de Napoléon.** L'Empereur à cheval à g. NAPOLEON
IER EMPEREUR DE FRANCE ET ROI D'ITALIE. Rev. Pallas posant
des couronnes sur un autel LA VALEUR ET LA VICTOIRE. Médaille
comme boîte avec 24 épisodes imprimées en couleurs. Mm. 51. Etain. Belle.

529 1810. **Alexandre Borissowicz Prince Kurakin,** sa délivrance mira-
culeuse lors de l'incendie de l'ambassade d'Autriche à Paris. Médaille
par Droz au buste du prince à g. Rev. Dans une couronne DIVINO
AUXILIO — EREPTUS FLAMMIS — AD — SUORUM OMNIUMQUE
— FELICITATEM — PARISIIS — 1 . JULII . — A . D . MDCCCX. Gallet
(Vie et oeuvre de Droz) pl. V, n. 39. Mm. 48. Ar. Belle et rare.

530 — **Mariage de Napoléon I et Marie Louise.** Leurs bustes opposés.
Rev. L'Hymne attachant les armoiries couronnées sur une colonne.
M. pl. XLVII, 261. Mm. 46. Br. Rare. t.b.c.

531 — Même sujet. Bustes accolés à dr. par Galle. Rev. Monogramme J. D.
Mm. 26. Ar. — 1796. Jeton en étain au buste de Bonaparte à dr.
Voilà soldats valéreux etc. et Jeton en laiton sur la mort de Napoléon I.
Ensemble 3 ps.

532 1811. **Naissance du roi de Rome.** NAPOLEON FRANCOIS JOSEPH
CHARLES ROI DE ROME. Tête du nouveau né à g. dessous XX
MARS MDCCCXI. Rev. VIRTVS PRINCIPIS FIRMAMENTVM
REIPVBLICAE. Le roi de Rome assis tenant deux serpents de ses
mains. Médaille par J. Schmidt. M. pl. LXX, 472. Mm. 41. Ar. t.b.c. Rare.

533 1812. **Bataille de la Moskowa.** Tête laurée de Napoléon à dr. NAPO-
LEON EMPEREUR ET ROI. Rev. BATAILLE DE LA MOSKOWA
etc. Des géants combattants. Belle médaille par Droz. Gallet n. 88.
Mm. 50. Ar. Belle et rare.

534 — **Bataille de la Moskowa.** Méd. au buste de Napoléon I à dr.
par Andrieu. Rev. par Jeuffroy. Mill. pl. LI, 275. Mm. 41, Ar. Belle post.

535 — La même médaille en bronze, t.b.c.

536 1812. **Entrée de Napoléon I à Moscou.** Vue du Kremlin, par Andrieu et Brenet. M. pl. LI, 276. Mm. 41. Br. Belle.

537 — La même médaille Br. t.b.c. Y ajoutée même pièce coulée.

538 — **L'aigle française sur le Wolga** au buste de Napoléon à dr. par Andrieu. Rev. par Michaut. Mm. 41. Ar. t.b.c.

539 — **Retraite de la grande armée** par Andrieu et Galle. M. pl. LI, 279. Mm. 41. Ar. fr. post.

540 1813. **Mort de maréchal Poniatowski.** Son buste à g. par Caunois. Rev. SMOLENSK. — MOSKOWA — VACHAU — LEIPSICK. Mm. 41. Br. t.b.c. Rare.

541 — **Bataille de Leipsick.** Calendrier perpétuel, avec livre descriptif.

542 1813—14. Médaille militaire pour la légion hanséatique de Lübeck, Bremen, Hamburg. Ar. t.b.c.

543 1814. **Paix de Paris.** Superbe médaille par Parker et Wyon à la tête en relief à dr. de **George prince régent d'Angleterre** GEORGIVS PRINCEPS WALLIÆ PATRIAM PRO PATRE REGENS MDCCCXIIII. Rev. La Britannia relevant l'Europe couronnée par une Victoire SEIPSAM CONSTANTIÄ EUROPAM EXEMPLO. Mm. 70. Ar. gr. 126. Superbe. Rare.

544 — **Paix de Paris.** Buste nu, lauré de George prince régent d'Angleterre à g. GEORGE PRINCE REGENT MDCCCXVI. La Britannia assise offre la Monde, portant globe, une branche de laurier, à l'exergue ENGLAND GIVES PEACE TO THE WORLD 1814. Superbe médaille par Mills et Dubois. Mm. 41. Ar. F.d.c.

545 — **Paix de Paris.** Plaquette uniface aux bustes superposés à dr. de **l'Empereur de Russie, du roi de Prusse, du duc de Wellington et du maréchal Blücher.** EMP. OF RUSSIA . KING OF PRUSSIA . DUKE OF WELLINGTON & MARSHAL BLUCHER, au-dessus des bustes ruban avec NON NOBIS SED MUNDO NATI, dessous MDCCCXIV. Mm. 49. Ar. Belle. Rare.

546 — **Séjour de l'Empereur Alexandre de Russie à Paris.** ALEXANDRE I EMPEREUR DE TOUTES LES RUSSES. Sa tête laurée à dr. Rev. La Paix assise écrivant sur une table *Séjour d'Alex. à Paris* à l'exergue MDCCCXIV, par Andrieu. Mm. 41. Br. Belle.

547 — **Visite d'Alexandre I à l'Angleterre.** ALEXANDER RUSSIARUM IMPERATOR. Sa tête lauré à dr. Rev. La Britannia assise portant branche de laurier et trident OB ADVENT . M . D . CATHARINÆ HOSP . GRATISSIMÆ et à l'ex. GAUDENS BRITANNIA MDCCCXIV. Mm. 35. Vermeil. Belle.

548 — Jubilé séculaire du règne de la maison de Hanovre sur le trône d'Angleterre. Bustes superposés des trois rois George I, II et III à dr. THE ILLUSTRIOUS HOUSE OF HANOVER 100 YEARS ON THE THRONE OF G . BRITAIN AUG . 12 . 1814 . N . S. Rev. La Paix assise tenant médaillon au buste de George I NUNC FELICES. Belle médaille par Mossop. Mm. 50. Ar. F.d.c.

549 S. d. Plaquette (cliché) uniface en laiton au buste en uniforme à dr. de **Frédéric August roi de Saxe.** FRIEDRICH AUGUST KOENIG VON SACHSEN. Sous le buste FRÉDÉRIC AUGUSTE ROI DE SAXE le tout entouré d'une double bordure. Mm. 50. Belle.

550 S. d. Même plaquette uniface en cuivre rouge, entouré d'une simple bordure. Mm. 50. Belle.

551 S. d. Plaquette uniface (cliché) en cuivre au buste en uniforme à g. de **Frédéric Guillaume III roi de Prusse.** FRÉDÉRIC GUILLAUME III ROI DE PRUSSE, entouré d'une bordure. Mm. 49. Belle.

552 S. d. Cliché ovale au buste d'**Alexandre Empereur de Russie** en uniforme à dr. ALEXANDRE PREMIER EMPEREUR DE RUSSIE. Mm. 34/41. Cuivre t.b.c.

553 S. d. Amulette russe-byzantine portée par les soldats russes. Le Saint debout portant glaive et réliquaire, dans un entourage d'arabesques, en haut Madone. Cuivre b.c.

554 1815. **Bataille de Waterloo.** La Hollandia et la Paix debout EEN-DRAGT MAAKT MAGT, à l'exergue 1815—1865. Rev. Dans une couronne de laurier ornée de 7 écussons aux armoiries PR . V . ORANJE . — SAXEN WEYMAR . PERPONCHER . — BRUNSWYK . OELS . — UXBRIDGE WELLINGTON PICTON — BÜLOW . ZIETHEN . — BLÜ-CHER. Belle médaille en mémoire du jubilé sémi-séculaire. Mm. 70. Ar. gr. 121. Rare.

555 — Même jubilé. Buste de Guillaume II des Pays-Bas à g., par Mansvelt. Mm. 35. Etain t.b.c.

556 S. d. **Arthur duc de Wellington.** Son buste à g. par *Webb* ART. COMES DE WELLINGTON Rev. Dans une couronne de laurier VOTA PVBLICA. Mm. 53. Br. Belle.

557 S. d. **Wellington.** Buste du duc à dr. FIELD MARSHAL ARTHUR DUKE OF WELLINGTON . K . G. Rev. Dans une couronne IN ARMS — THE DELIVERER — OF EUROPE — INCOUNCEL — THE PACIFI-CATOR — OF HIS COUNTRY. Mm. 41. Etain. Belle. Rare.

558 1815. Couronnement de Guillaume I à Bruxelles. — Institution de l'ordre militaire „Militaire Willemsorde". Trois médailles en bronze et une de fer.

559 1816. Mariage du prince **d'Orange** avec la grande duchesse **Anne Paulowna de Russie.** Leurs bustes de face. Dirks 81. Mm. 41. Etain. Belle.

560 — **Caroline Ferdinande duchesse de Berry.** Son buste à g. par Gayrard. Rev. CONNEXA LILIA CRESCUNT. Deux fleurs de lis liées, par Barre. Mm. 40. Ar. Belle.

561 1817. **L'amiral anglais Sir I. T. Duckworth.** Son buste à g. par Mills. Rev. Dans une couronne de fleurs en 6 lignes DEDICATED — BY HIS FOLLOWERS — TO THE MEMORY — OF THEIR ILLUS-TRIOUS — COMMANDER — MDCCCXVII. Mm. 45. Ar. Belle.

562 — Les îles Joniennes reçoivent une constitution ENGLAND GIVES A CONSTITUTION TO — THE IONIENNE ISLANDS, par *Depauls.* Mm. 40. Ar. Belle.

563 — La même médaille en bronze, belle.

564 — **G. L. Giesecke.** EQV . AVRAT . MIN . PROF . S . HOS . S . D . A . HIB . R . S . &c. Sa tête à dr. par Mossop. Rev. Pôle arctique, vue de montagnes de glace, d'un ours blanc et d'une baleine HYEMES . VII . SUB . ARCTO . TOLERAVIT . INGENTI . NATURÆ PERCULSUS . AMORE. Mm. 42. Br. Belle.

565 1818. **Le Marquis de Hastings gouverneur des Indes britaniques**. Défaite de la confédération **Pindaree et Mahratta**. Belle médaille au buste à g. par Wyon. Mm. 41. Ar.

566 — **Amsterdam** . Médaille obituaire en mémoire de **H. E. Brouwer** curé et professeur en théologie à Amsterdam. *Ter gedachtenis van den WelEerw. en ZeerGeleerde Heer H. E. Brouwer, R. C. Priester, voorheen Hoogleeraar in de H. Godgeleerdheid en laatst Pastoor in de Kerk 't Vreede Duyfje te Amsterdam* etc. Dirks 127. Mm. 60/69. Ar. Belle.

567 S. d. Médaille au buste à g. de la princesse **Marianne des Pays-Bas**, par Simon Mm. 46. Etain et au buste de la reine **Frédérique Wilhelmina** des Pays-Bas, par Simon Mm. 46. Bronze. 2 ps. Belles.

568 1820. Médaille en honneur de Henri IV et des membres de sa famille péris victimes de la révolution. Bustes de **Henri IV, Louis XVI, le Duc de Berry, Marie Antoinette, Elisabeth** et le duc d'Enghien, Médaille par Caqué. Mm. 56. Br. t.b.c.

569 — Petite médaille aux bustes opposés du duc et de la duchesse de Berry. Naissance de leur fils, par Montagny. Mm. 28. Ar. Belle.

570 1821. **Guerre de Java**, Prise **de Palembang**. Buste de Guillaume I à g. par Michaut-Dirks 179. Mm. 41. Ar. Belle.

571 — **Médaille de St. Hélène** à la tête de Napoléon. Médaille miniature avec ruban. Br. Belle.

572 1823. 4me Fête séculaire de l'invention de la typographie par Lourens Jansz. Koster. Dirks 214 et 215 et 1840. Petite médaille de l'inauguration de Guillaume II. 3 médailles en argent. gr. 47. Belles.

573 1824. **Genève unie à la Suisse** en 1814. Médaille de la Société des Arts, par Bovy et Bovet. Mm. 57. Br. t.b.c. Rare.

574 1827. Concordat entre **Guillaume I des Pays-Bas** et le **pape Léon XII**. Leurs bustes opposés par De Hondt, Dirks 292. Mm. 47. Br. doré. t.b.c. Rare.

575 1828. **Cork total abstinence Society** *Pledge I promise to abstain from all intoxicating drinks & c.* etc. Mm. 44. Br. Belle.

576 1829. **Conclave.** Série de 6 médailles:
a. par Gennari aux noms de O. de Cinque, P. Carandin, P. Martinez et P. Patrizi. C. R. P. Mm. 33.
b. Au nom et aux armoiries d'Augustin prince Chisi par Gennari. Mm. 29.
c. Au nom et aux armoiries d'Aloysius del Drago gouverneur du conclave, par Cerbara. Mm. 31.
d. Au nom et aux armoiries de Petr. Francus Cardinal Galleffi, par Cerbara. Mm. 30 et par Gennari. Mm. 36.
e. Au nom et aux armoiries de Marius Mattei trésorier, par Cerbara. Mm. 31. — Six médailles en bronze. Belles.

577 — Guillaume I roi des Pays-Bas arbitre entre l'Amérique et l'Angleterre AB ANGLIS ET AMERICANIS SEPTENTRIONAL . DE TERMINO MOTO ARBITER VOCATUS 1829. Son buste de face. Dirks 310. Mm. 42. Ar. Belle.

578 1830. Révolution française. Deux médailles portatives — 1834 Tot Nut van 't Algemeen et médaille en étain an buste de Pitt et de Lord Thurlow, 4 ps. Ae. et 1 ps. Etain.

579 1831. **Campagne de 10 Jours** „Algemeene Wapening". Dirks 441. Br. Belle (2 ps.) et une en fer.

580 — **Campagne de 10 Jours.** Médaille en argent Dirks 443, par Schouberg. Mm. 47 Ar. Belle.

581 — La même médaille en bronze. Belle (3) et médaille du Sénat de l'académie d'Utrecht. Dirks 449. Br. t.b.c.

582 — Institution de l'Ordre „Het Metalen Kruis" pour le campagne de 10 jours, au buste du prince d'Orange maréchal en chef, par Schouberg. Dirks 446. Mm. 65. Br. Belle.

583 1832. **Baron Chassé défenseur de la Citadelle d'Anvers.** Son buste de face. Rev. Légende Dirks 462. Mm. 46. Ar. Belle.

584 — La même médaille en bronze. Belle.

585 — Médaillon coulé des débris des bombes. Buste de **Guillaume I** à g. Rev. En 7 lignes *Gegoten van bombscherven voorskomende uyt de belegering der citadel van Antwerpen ten jaure* 1832 (Coulé des débris de bombes provenant du siége de la citadelle d'Anvers), Dirks n. 473. Mm. 180. Br. Fort rare.

    Pièce bien intéressante.

586 — Médaille pour les soldats défenseurs de la citadelle. Dirks 476A. Br. Belle.

587 — L'ordre de Léopold et institution de l'ordre de la croix de fer décernée en 1834. Mm. 41. Br. t.b.c.

588 — Baron Chassé défenseur de la citadelle d'Anvers. *Valéreux en défendant généreux en épargnant.* Son buste de face. Dirks 463. Mm. 48. Br. Belle.

589 1833. Buste de D. MARIA II. RAINHA DE PORTUGAL à g. par Bare. Rev. armoiries. Deux médailles variées. Mm. 36. Ae. t.b.c.

590 1835. **Ernst et Albert princes de Saxe Cobourg Gotha** confirmés 12 Avril 1835, par Helfricht. Mm. 39. Br. Belle.

591 1836. **Charles Green, aéronaute.** Son buste à g. CHARLES GREEN AERONAUT, par Taylor. Rev. Ballon au-dessus d'une ville FROM LONDON NOVEMBER 7 . 1836 — IN COMPANY WITH ROB^T HOLLOND M . P . & . M . MASON ESQ^R — TO WEILBURG GERM^Y IN 18 HOURS. Mm. 41. Br. Belle.

592 — La Société de numismatique de Londres fondée, au buste du président John Lee, par Stothard. Mm. 45. Br. t.b.c.

593 1837. **Martin van Buren, president of the United States** A. D. 1837. Son buste à dr. par Furst. Rev. Deux mains jointes, en haut tomhawak et pipe. PEACE AND FRIENDSHIP. Médaille portative pour les chefs indiens. Mm. 51. Ar. t.b.c. Rare.

594 S. d. **The very Revd T. Mathew the Apostle of Temperance.** Son buste de face tourné à dr. Rev. Légende en 5 lignes. Mm. 44. Ar. Belle.

595 S. d. Médailles de prix de Guillaume I et II. Deux belles pièces en bronze doré.

596 1840. Médaille gravée *ter gedachtenis van het 50 Jarig Jubelfeest der Priest. Wijding van den ZeerEerw. en Wijdl. Heer P. van Kalken, Pastoor in Klarenburg, oud 73 Jaren, gevierd binnen Utrecht* 1840. Dirks 565. Mm. 47. Ar. Belle.

597 — 123 Français contre 12000 Arabes. Combat de Mazagran, armée d'Afrique. Buste de Louis Philippe I à g. par Montagny. Rev. Forteresse défendue par les Français. Mm. 41. Br. Belle.

598 1841. **Guillaume II** à la Monnaie à Utrecht. Dirks 585 et Statue pour Rubens. Médaille en étain. 2 ps.

599 — **Pedro II de Brésil.** Rev. L'Empereur à cheval. — Autre au même buste. Rev. Buste à dr. Deux médailles en étain. t.b.c.

600 S. d. **Circoncision.** Médaille offerte par M. Beer à Utrecht aux jeunes israëlites circoncis. Grande chaise entourée d'une légende hébreue. Rev. Lisse. Dirks 606. Mm. 41. Ar. Belle et rare.

601 1842. **Mehemet Ali Pacha.** Son buste de face. Rev. En 10 lignes FROM THE COMMITTEE THE FRIEND OF SCIENCE COMMERCE & ORDER WHO PROTECTED THE SUBJECTS AND PROPERTY OF ADVERSE POWERS AND KEPT OPEN THE OVERLAND ROUTE TO INDIA 1840. Mm. 58. Ar. gr. 72. Belle et rare.

602 — Institution de l'ordre de la couronne de chêne „de Eikenkroon" avec REX DEDIT par Wiener. Dirks 599. Mm. 46. Br. Belle.

603 1843. **Pedro II et Terèse Christ. Mar. impératrice.** Leurs bustes accolés à g. Rev. Armoiries. Petite médaille en cuivre. Mm. 27. Ae. t.b.c.

604 S d. Médaille de prix au buste de Léopold I, roi des Belges à dr. par Jouvenel. Mm. 56. Br. Belle.

605 1844. Bombardement de Tanger par la flotte française. Le prince de Joinville commandant. Buste du prince de Joinville à dr. par Borrel. Mm. 52. Br. Belle.

606 — The London Missionary society founded in the year 1795 has been honored by God in succesfully diffusing the Glorious gospel in **Polynesia, India, China, Africa & the West-Indies** etc. Mm. 46. Br. Belle.

607 1845. MARIA DOMINA NOSTRA A LAMPEDVSA IN ORA LIGVR et à l'ex FERDINANDO A SAB R . P . DVC . IAN IOANNES ARNALDI DEDIC. Belle médaille à la Madonne par Cerbara. Mm. 43. Br. Belle.

608 1846. **Pie IX élu pape.** Son buste à g. par Cerbara. Rev. Têtes accolées de St. Pierre et St. Paul. Mm. 44. Ar. Belle.

609 1847. **La Société Historique Polonaise á Paris** à **Adam Prince Czartoryski.** Son buste à g. par Barre. Rev. Légende en 14 lignes. Mm. 56. Br. t.b.c.

610 1848. Le palais sur le Dam par Wiener. Bronze arg — République française, médaille portative Ae — Statue érigée à Bruxelles pour Godefroid de Bouillon, petite médaille en argent.

611 — Académie des Arts à Rotterdam. Médaille de prix décernée à H. C. Freriks. Architecture. Mm. 51. Br. Belle.

612 1851. International Exhibition London, au buste de Victoria et autre au buste du prince Albert — 1862 International Exhibition — 1855. Palais de l'Industrie. 4 Médailles en étain.

613 1853. Mariage du **Prince Henri des Pays-Bas** avec la Princesse
   Amélie de Saxe Weimar. Leurs bustes à g. par Menger. Dirks 744.
   Mm. 48. Ar. Belle.

614 — Mariage du duc de Brabant. Pièce de 5 Francs. aux bustes accolés
   à dr. Ar t.b.c.

615 S. d. CLUB REPUBLICANO FEDERAL DEL ENSANCHE. Médaille
   aux armoiries, en desous des pavillons. Trouée. Mm. 33 Ar. t.b.c.

616 S. d. La Société des Panoramas au colonel Langlois, dans le champ
   **Navarin — Alger — La Moscowa — Incendie de Moscou —
   Eylau — Les Pyramides** par Chabaud. Mm. 43. Br. Belle.

617 1855. Exposition à Paris. Etain. — S. d. Médaille de prix du roi
   Guillaume III. Br. — 1863. Indépendance de 50 ans. Br. — 1880. Le
   jardin zoologique à Amsterdam. — 1883. Le roi et la reine à Amsterdam et à l'Exposition. Etain. — Exposition coloniale à Amsterdam
   Etain. — 1888. Drei Kaiserjahr Etain. — 1883. Nederlandsch Gymnas-
   tiek Verbond. Etain. Ensemble. 8 pièces.

618 — **Napoléon III reçoit à Boulogne la reine Victoria d'Angleterre.**
   Belle médaille par Barre au buste de l'empereur à dr. Rev. La ville
   de Boulogne personifiée assise écrivant sur une colonne 18 et 27 Aout
   1855. Mm. 61. Ar. gr. 133.5. F.d.c.

619 — Exposition universelle d'Agriculture d'Industrie et de Beaux Arts
   à Paris. Buste de l'empereur à dr. par Barre. Rev. Les armoiries entourées des armoiries de tous les états exposants à cette exposition
   entre autre, les **Pays-Bas, le Portugal** l'Espagne, l'Italie etc. Mm. 60.
   Ar. gr. 126. Belle.

620 1856. **Concours universel agricole à Paris.** Médaille d'or décernée
   par le Ministère d'agriculture à Robert Law à Shettleston pour des
   Instruments Aratoires. Mm. 33. Or. gr. 24. t.b.c.

621 1860. Croix militaire espagnole, expédition en Afrique. Tête d'Isabelle
   à g. CAMPANA DE AFRICA. Rev. En 11 lignes **Seviallo-Sierra
   Bullones** etc. t.b.c.

622 — **Washington** cabinet of medals, U. S. Mint inaugurated feb. 22 1860.
   Buste de George Washington à dr. Rev. Buste de Washington sur une
   vitrine à médailles. Mm. 60. Ar. Belle.

623 — **Washington** Médaille de 1861. Son buste à dr. *The constitution is
   sacredly obligatory on all.* Rev. Dans une couronne *Oath of allegiance*
   etc., par Paquet. Mm. 31. Ar. Belle.

624 — **Washington.** Buste à dr. Rev. Autel aux armoiries des Etats de
   l'Amérique COMMISS . RESIGNED :,PRESIDENCY RELINQ . 1797.
   Mm. 41. Ar. F.d.c.

625 — **Washington.** Son buste à g. par Bolen. Rev. En 11 lignes. I HOPE
   THAT — LIBERAL ALLOWANCES — WILL BE MADE . FOR THE
   — POLITICAL etc. Mm. 58. Br. Belle.

626 1864. Concours d'agriculture. Médaille de prix par Hart au buste de
   Léopold I roi des **Belges** Mm. 46. Ar. Belle.

627 1865. **Mort d'Abraham Lincoln.** Martyr to Liberty. Petite médaille
   ovale au buste à g. Ae. Belle.

628 1869. **Wedstrijd voor Geweermakers** au buste de Guillaume III
à dr. par v. d. Kellen. Zwierzina 151. Mm. 42. Br. Belle et rare.

629 1870. **Médaille d'or décernée au capitaine W. S. Hodden.** Navire
à deux mâts entouré d'une légende chinoise. Rev. HARBOUR MASTERS
DEPARTMENT — WHAMPOA et en 7 lignes dans le champ. PRE-
SENTET — BY THE CANTON — BOARD OF PILOTS — TO — CAPT.
W. S. HODDPS — 25ᵀᴴ DECR. — 1870. Médaille fort intéressante. Mm.
35. Or gr. 18.5. Belle. Extrêmement rare.
Voir la reproduction.

630 1871. Le palais de la légion d'honneur incendié 22 Mai 1871 est recon-
struit par souscription patriotique. Médaille portative. Mm. 46. Ae.
argenté. Belle *avec ruban.*

631 1872. Tir international à Gand, petite médaille portative en argent.
Avec ruban.

632 1873. **Rembrandt van Rijn.** Buste du célèbre peintre à barette à g.
par de Vries. REMBRANDT HERMANSZ. VAN RYN NE A LEYDE
15 JUILLET 1606, MORT A AMSTERDAM ET ENTERRE 8 OCTOBRE
1669. Rev. Son célèbre tableau „La ronde de nuit". Mm. 108. Ar. gr. 355.
Zwierzina 287 Belle et fort rare.

633 — **Weltausstellung Wien 1873.** Médaille au buste de Franz Joseph I
par Tautenhayn. Mm. 70 et 1891. **German Exhibition London** 1891
au buste de Wilhelm II, par Mayer. Mm. 69. Deux belles médailles
en bronze.

634 — **Médaille satirique de J. Hilman** à Amsterdam. Zwierzina 282.
Mm. 35. Etain t.b.c.

635 1874. Exposition des arts industriels à Bruxelles, par Fisch. Br. doré —
1872. 3ᵐᵉ fête séculaire de Brielle. Br. — 1875. S. Plimsoll. Rev. Navire
naufragé. Br. — 1876. Fête séculaire de l'Indépendance de l'Amérique.
Mm. 58 et autre de Mm. 38. Br. doré. Ensemble 6 pièces.

636 — Jubilé de 25 ans du règne du roi des Pays-Bas. Médaille par de
Vries. Zwierzina 292. Mm. 67. Br. doré. Belle.

637 — Fêtes à Amsterdam à l'occasion du règne de 25 ans du roi Guillaume
III. Médaille lui offerte. Zwierzina 324. Mm. 75. Br. b.c. Rare.

638 1875. Opening der Studenten-Societeit „Minerva" te Leiden. Zwierzina
362. Etain t.b.c.

639 1876. Ouverture du canal „Noordzeekanaal". Buste du roi Guillaume III
à g. par Geerts. Rev. „Het Koggeschip" (Galère antique). Zwierzina 395.
Mm. 50. Br. Belle.

640 — Exposition d'agriculture à Louvain. Statue de S. v. d. Weijer. Ae.,
portative, — 1879. Société royale de St. Sébastien de Bruges existe 25
ans. Petite médaille en argent. Belle, et The Philadelphic International
Exhibition. Br. doré. 4 ps.

641 1878. **Léon XIII élu Pape.** Buste de Pie IX à g. Rev. Buste de Léon
XIII à g. Mm. 51. Br. doré portative.

642 S. d. Médaille siamoise. Eléphant portant pagode sur une base, accosté
de deux pagodes. Rev. Dieu assis sur une base, par Massonnet. Mm. 50.
Br. Belle portative.

643 1879. Troisième fête séculaire de l'Union d'Utrecht au buste du comte **Jan de Nassau.** Médaille par Menger. Zwierzina 480. Mm. 65. Br. Belle.

644 1881. Médaille de prix de l'académie d'Amsterdam décernée à **J. M. Janse** de **Middelbourg** étudiant en botanie et zoologie. Belle médaille par Menger. Voir Zwierzina 553. **Mm. 50.** Br. Rare.

645 — **Exposition d'agriculture** à **Bergen-op-Zoom.** Médaille en argent. Zwierzina 565. Mm. 41. Belle.

646 1882. Exposition internationale à Lille. Médaille portative en bronze. — 1884. **Charles III** prince de **Monaco.** Br. doré. — 1885. La République d'Haïti à Victor Hugo. Ae argenté portative — 1883. Médaille de présence aux funérailles de L. Gambetta. Ae portative. Ensemble 4 ps.

647 1887. **Le roi Guillaume III 70 ans.** Fêtes à Amsterdam. Buste du roi entouré d'une couronne de fleurs Z. M. WILLEM III. KONING DER NEDERLANDEN. Rev. Armoiries d'Amsterdam entre 1817—1887 en haut FEESTVIERING en bas AMSTERDAM. Mm. 23. Ar. Belle. Inédite.

648 1888. Médaille portative avec ruban offerte par la **Société de tempérance à Londres To Chief J. B. Waubuno** *of the Muncey Tribe of Delaware Indians* et sur la tranche A BIRTHDAY PRESENT FROM A FEW ENGLISH FRIENDS. Mm. 38. Argent. Belle.

649 1892. **Jhr. Mr. C. H. Backer.** Son buste à g. par Jünger et Begeer. Mm. 66. Br. Belle. Rare.

650 1895. **La compagnie maritime „Nederland"** existe pendant 25 ans. ✴ STOOMVAART MAATSCHAPPIJ NEDERLAND ✴ DIENST OP NE-DERLANDSCH INDIE DOOR HET SUEZ KANAAL ✴ Dans le champ sur un bouclier OPGERICHT 13 MEI 1870 — BESCHERMHEER Z. M. KONING WILLEM III — EEREVOORZITTER — Z. K. H. PRINS HENDRIK — DER NEDERLANDEN — XXV JARIG BESTAAN HERDACHT — 13 MEI 1895.Rev. Armoiries des Pays-Bas, à dr. les armoiries de Batavia à g. celles d'Amsterdam sur un ruban 1870 13 MEI 1895 en haut ⊕ WIE VAREN WIL ZIJ ONVERVAARD ⊕ en bas DOCH WAKE VOOR GEVAAR. Médaille par Begeer. Mm. 59. Br. Belle fort rare.

651 — Exposition d'Amsterdam médaille de Coupier fils et Drouart à Paris. Mm. 37, y ajoutée médaille, existance de 25 ans du „Werkhuis" à Amsterdam. Br. et 1897 Exposition à Bruxelles. Aluminium. 3 ps. Belles.

652 1899—1900. **Guerre contre les républiques sud-africaines. Siége de Mafeking.** Buste de **Baden Powell** de face. Rev. L'armée anglaise réprésentée par quatre soldats, des diverses armes, à l'exergue MAFE-KING — 1899—1900. Belle médaille en or par Spink & Son. Mm. 45. gr. 51. F.d.c.
Voir la reproduction.

653 — Même médaille en argent. Belle.

654 — **Entrée en Bloemfontein et Pretoria.** Buste de **Lord Roberts** de face. Rev. Même réprésentation comme sur la pièce précédente, seulement en haut 1900 et à l'exergue BLOEMFONTEIN-PRETORIA. Mm. 45. Ar. Belle.

655 — **Guerre contre les républiques sud-africaines.** Méd. satirique. Lion brûlant sa patte EINMAL SELBER KASTANIEN GEHOLT etc. Rev. Sur un bouclier DEN KLEINEN BUR etc. Mm. 33. Ar. Belle.

656 1900. **Paul Kruger en Hollande**. Son buste à g. au-dessus des armoiries du Transvaal. Rev. Armoiries des Pays-Bas HOLLAND — 1900 et à l'entour BEZOEK D. PRESIDENTEN KRUGER AAN HET KONINGLYKE HOF. Mm. 38. Ar. Belle.

657 — La même médaille en bronze. Belle.

658 1902. **Les Généraux Boers de Wet et de la Rey**. Leurs bustes de face. Rev. HANDS OFF. Un Boër debout chassant un lion blessé. Mm. 39. Br. t.b.c.

659 — **Paul Kruger à Utrecht**. Belle médaille au buste à g. par Dubois LE PRESIDENT KRUGER UTRECHT JUIN 1902. Rev. L'Espérance dans les nuages. Mm. 68. Br. Très belle. Rare.

660 — Plaquette uniface au buste de **Paul Kruger** de face entouré de fleurs, en haut PRESIDENT - KRÜGER en bas EENDRAGT MAAKT MAGT, par Nilsson. Mm. 40/50. Br. argenté. Belle.

661 — **M. T. Steyn, Staatspres. van den Oranje-Vrijstaat.** Son buste de face. Rev. Le lion sur des rochers VERWOND MAAR NIET OVERWONNEN, par Begeer. Mm. 60. Ar. Belle médaille rare.

662 1900. **La reine Wilhelmina visite la Monnaie à Utrecht**. Son buste diadémé à g. par Menger. Rev. Sous un soleil KONINGIN — WILHELMINA — BEZOEKT 'S RIJKS MUNT — 1900. Mm. 30. Br. Belle.
    Cette visite n'a pas eu lieu.

663 1903. **E. J. de Vries, médecin à Amsterdam**, E. J. DE VRIES — ARTS — 1862 — 18 DEC: 1902 entouré de branches de laurier et d'emblèmes. Rev. Couronne de chêne. Mm. 60. Ar. Belle et rare.

664 1904. **Surprise de Bréda en 1590**. Statue en honneur du batelier de la tourbe Adriaan van Bergen à Leur. La statue, à g. dans le champ HULDE AAN DEN TURFSCHIPPER ADRIAAN VAN BERGEN VAN LEUR, dessous ONTHULD TE LEUR 1904. Rev. La surprise de Bréda. VERRASSING VAN BREDA — 1590. Mm. 40. Br. Belle.

665 — **Visite de la reine-Mère à la Monnaie à Utrecht**. Presse monétaire, à g. les armoiries des Pays-Bas, à dr. celles d'Utrecht, dans

<pre>
           'S   M
            R   U
le champ IJ N Rev. En 6 lignes dans un bel entourage H. M. — DE —
            K   T
            S
</pre>

KONINGIN — MOEDER — BEZOEKT 'S RIJKS MUNT — DEN 22 JULI — 1904. Belle médaille par Wienecke. Mm. 51. Br. Rare.

666 — **La reine Wilhelmina et le prince Henri à Helmond**. Leurs têtes accolées à g., par Pander. Rev. Au-dessus des armoiries de Helmond. KONINGIN WILHELMINA — EN — PRINS HENDRIK — BEZOEKEN — HELMOND — 20 AUGUSTUS 1904. Mm. 50. Br. Belle. Rare.

La Réformation, La Confession d'Augsbourg et les Emigrants de Salzbourg.

Voir aussi les No. 2, 3, 16, 18, 310.

667 1545. **Concile de Trente**. VADER . DER . WERELT . IS . EN . DUIVEL . BEI . GODT . IOH . 8 . 44. Tête de pape et de diable. Rev. WEISHEIT . IS . VERKERT . IN . SOTHEIT . RGM . IN . T . C . ZZ . W. Tête de cardinal et de fou. Médaille fort intéressante. Mm. 39. Ar. Belle.

668 — Tête de pape et de diable. Rev. Tête de cardinal et de fou, petite médaille en argent sans légendes. Mm. 26. Belle.

669 — **Concile de Trente**. Médaille carrée satirique contre le Pape et les Cardinaux. ECCLESIA . PERVERSA . TENET . FACIEM . DIABOLI. Tête de pape et de diable. Rev. STVLTI . ALIQVANDO. — . SAPIENTES. Tête de cardinal et de diable. Médaille frappée sur flan carré. Compz. v. Mieris III. p. 112, n. 2. Mm. 35. Ar. gr. 20.5. t.b.c. Rare.

670 — Même sujet, v. Mieris III, p. 112, n. 2. Mm. 32. Ar. b.c.

671 — **Concile de Trente**. Méd. coulée en argent et deux pièces en cuivre. 3 ps.

672 **Dr. Martin Luther**. Buste de Luther de face fort en relief D. MARTI — LVTHERVS. Rev. Dans un creux buste de **Melanchton** de face tourné à g. D . PHILIPP. — MELANCH: Superbe médaille d'un beau travail. Mm. 47. Ar. gr. 74. Fort rare.
Voir la reproduction.

673 **Dr. Martin Luther**. Son buste de face tourné à g. Rev. Armoiries. Mm. 43. Ar. coulée et médaille au buste à g. Rev. Armoiries. Mm. 39. Br. coulée. 2 ps.

674 **Luther**. Médaillon uniface du XIXme siècle en fer de Berlin au buste de Luther en haut relief de face tourné à dr. Mm. 90. Beau.

675 Buste de Luther à dr. Rev. Autel. v. Mieris III, p. 132, n. 1. Mm. 45. Br. t.b.c.

676 **Martin Luther**. Son buste à g. par Depaulis: Médaille de la Series numismatica. Mm. 40. Br. Belle.

677 Plaquette uniface repoussée au buste de Luther en médaillon à dr. par E. Söhrling MARTINVS LVTHERVS . D. Le tout entouré d'une belle bordure de roses. Superbe pièce. Mm. 46.

678 **Théodore Beza** réformateur à Genève, petite médaille au buste à g. par Dassier. Mm. 28. Br. Belle.

679 **Martin Bucer** réformateur de Strasbourg. Buste à g. par Dassier. Mm. 28. Br. Belle.

680 **Henri Bullinger** réformateur de Zurich. Son buste en bonnet et manteau de face. Rev. Légende en 10 lignes. Mm. 35. Ar. Belle.

681 — Son buste à g. par Dassier. Mm. 28. Br. Belle.

682 **Henri Bullinger** et **Rud. Walter.** ROD o CVALTHERVS TIGVR.
ANNO AETAT. XLVII. ⚭ Buste de face et au revers HEINRYCVS.
BVLLINGERVS. ANNO. AETAT. LXII. 1566. Buste de face. Mm. 36.
Ar. Coulée t.b.c.

683 1641. **Jean Calvin.** Médaille par Dadler en honneur de **Jean Calvin.**
Son buste á dr. IOANNES CALVINUS PICARD : NOVIODUN :
ECCLES : GENEV : PASTOR. Rev. La Renommée DOCTRINA &
VIRTUS HOMINES POST FUNERA CLARAT. Mm. 55. Ar. gr. 42. Belle.

684 — Médaille au buste à dr. par A. Karlsteen IOHANNES CALVINVS.
M : Rev. Main céleste portant coeur éclaircie par le soleil PROMTE.
ET. SINCERE. IN. OPERE. DOMINI. Mm. 44. Ar. Belle.

685 **Thomas Cranmer** archévêque de Canterbury réformateur anglais.
Buste á dr. par Dassier. Mm. 28. Br. Belle.

686 **Guillaume Farel** de Genève. Buste á dr. par Dassier. Mm. 28. Br.
Belle.

687 **Simon Grynaeus** théologue à l'académie de Bâle. Buste à g. par
Dassier. Mm. 28. Br. Belle.

688 **Berthold Haller** réformateur de Berne. Buste à g. par Dassier.
Mm. 28. Br. Belle.

689 **Patrik Hamilton** réformateur écossais. Buste à dr. par Dassier.
Mm. 28. Br. Belle.

690 **John Knox** réformateur écossais. Buste à dr. par Dassier. Mm. 28.
Br. Belle.

691 **Jean Lasco** réformateur polonais. Buste à dr. par Dassier. Mm. 28.
Br. Belle.

692 **Hugo Latimer** réformateur anglais. Son buste à dr. par Dassier.
Mm. 28. Br. Belle.

693 **Petrus Martyr** théologue de Florence. Son buste à dr. par Dassier.
Mm. 28. Br. Belle.

694 **Melanchton.** Son buste de face fort en relief, médaillon en fer de
Berlin. Mm. 89. Belle pièce.

695 — Son buste à g. par Dassier. Mm. 28. Br. Belle.

696 **Wolfgang Musculus** théologue à **Berne.** Buste à g. par Dassier.
Mm. 28. Br. Belle.

697 **Jean Oecolampadius** réformateur mort à Bâle. Buste à dr. par
Dassier. Mm. 28. Br. Belle.

698 **Nic. Ridley** réformateur de Londres. Buste à dr. par Dassier. Mm. 28.
Br. Belle.

699 **Pierre Viret** réformateur à **Genève** et **Lausanne.** Buste à g. par
Dassier. Mm. 28. Br. Belle.

700 **John Wiclef** théologue anglais brulé vif en 1420. Buste à g. par
Dassier. Mm. 28. Br. t.b.c.

701 **Ulric Zwingli.** Son buste à dr. par Dassier. Mm. 28. Ar. Belle.

702 — La même médaille en bronze. Belle.

Médailles de Sauvetage et pour des actes de dévouement.

739 **Angleterre** 1824. Royal National Institution for the preservation of Life from shipwreck (Sauvetage de naufragés). Buste de William IV à g. par Wyon. Rev. Secours à un naufragé LET NOT THE DEEP SWALLOW ME UP. Mm. 34. Br. Belle.

740 1839. Médaille de la Société de Londres . SOC . LOND . IN . RESVSCI-TAT . INTERMORTVORVM. décernée à *T. Virgo* en 1839. HOC PRETIVM CIVE SERVATO TVLIT. Mm. 50. Br. Belle. Rare.

741 — Liverpool Shipwreck and Humane Society 1839 (Société de secours aux naufragés à Liverpool) Rev. Secours porté aux naufragés LORD . SAVE US: WE PERISH. Belle médaille par Wyon. Mm. 35. Br. Belle. Rare.

742 1858. Médaille portative décernée par le gouvernement à ceux qui se sont distingués à l'occasion du naufrage du „Schooner British Queen" Buste de **Victoria** à g. par Wyon. Rev. Dans un entourage de feuilles FROM THE GOVERNMENT et à l'entour FOR GALLANT AND HUMANE SERVICES TO THE CREW OF THE SCHOONER BRI-TISH QUEEN. 1858. Médaille offerte au portugais **Francisco Lima.** Mm. 32. Ar. Belle fort rare.

743 1859. **Sauvetage de naufragés.** Médaille décernée par Lloyd LEUCOTHOE NAUFRAGO SUCCURRIT. Le Sauvetage. Rev. Dans une couronne OB CIVES SERVATOS et en haut PRESENTED BY LLOYD'S. Mm. 72. Br. Belle et rare.

744 1867. Société de secours aux pêcheurs naufragés. SHIPWRECKED MARINERS SOCIETY 1867. Mm. 31. Etain t.b.c. portative.

745 1891. Médaille décernée à John Sinclair pour services rendues lors du naufrage du „Devonshire". Buste de la reine Victoria à g. par Wyon AWARDED BY THE BOARD OF TRADE FOR GALLANTRY IN SAVING LIFE. Rev. Sauvetage des naufragés. Inscription sur la tranche. Mm. 57. Br. Belle.

746 **Pays-Bas.** Médaille décernée par le roi Guillaume III pour sauvetage de noyés. Buste du roi à dr. par Menger. Rev. Dans une couronne VOOR MENSCHLIEVEND HULPBETOON. Mm. 50. Br. Belle.

747 — Médaille portative décernée par la reine Wilhelmina pour sauvetage de noyés. Son buste à g. Rev. VOOR MENSCHLIEVEND HULPBETOON AAN — Le tout entourée d'une couronne de chêne et surmonté d'une couronne royale. Br. Belle.

748 **Portugal.** 1843. Naufrage du navire „Sao Joao Baptista" Actes de dévouement. Armoiries de Portugal DECERNÉE PAR SA MAJESTÉ LA REINE DE PORTUGAL. Rev. Dans une couronne en 6 lignes NAUFRAGE — DU NAVIRE — SÃO JOÃO BAPTISTA — LE 14 JANVIER 1843 — ACTE DE DÉVOUEMENT. Mm. 37. Br. t.b.c. fort rare.

749 1858. **L'épidémie de fièvre jaune à Lisbonne.** Médaille portative pour actes de dévouement LISBOA AGRADECIDA. La ville personifiée debout à l'exergue 1858. Rev. Dans une couronne de laurier A — • DEVOÇÃO — HUMANITARIA. Mm. 32. Ar. Belle et rare.

750 **Médaille de Sauvetage.** Buste de la reine **Maria II** à g. Rev.
. PHILANTHROPIA — GENEROSIDADA, dans le champ entouré d'une
couronne AO — MERITO et à l'exergue INSTITUIDA POR S . M . F . A
RAINHA A Sᴬ D . MARIA . II. Mm. 29. Ar. Belle portative.

751 — **Médaille de Sauvetage** au buste de **D. Carlos I** 1891. Rev. Dans
une couronne SERVIÇOS NO'ULTRAMAR. Mm. 30. Ar. Belle portative.
Voir aussi le numéro 742.

752 **Vera Cruz.** 1846. Le navire américain „Somers" naufragé près de
Vera Cruz. Vue du naufrage SOMERS NAVIS AMERICANA à l'exergue
ANTE VERA CRUZ — DEC. 10ᵀᴴ. 1846. Rev. Vue du Sauvetage PRO
VITIS AMERICANORUM CONSERVATIS. Belle médaille par Wright.
Mm. 57. Ar. Fort rare.

Médailles des Chemins de fer.

753 1835. Chemin de fer de **Paris à St. Germain**. Médaille par Barre.
Mm. 45. Br. Belle.

754 1837. **A. P. Kaiser Ferdinands Nordbahn.** Vue de la gare. Rev.
Locomotive. Mm. 41. Br. t.b.c.

755 1841. Pose de la première pierre du pont pour les chemins de fer à
Vénise. Vue du pont sur lequel chemin de fer. Rev. Lég. en 11 lignes.
Br. t.b c.

756 S. d. Médaille de la Compagnie du Chemin de fer de Paris à la Mer
au buste de Louis Philippe I à dr. par Caqué. Mm. 67. Br. b.c.

757 1841. Chemin de fer de **Strasbourg à Bâle**, Nᵃˢ Koechlin et frères
concessionaires, par Barre. Mm. 41. Br. t.b.c.

758 1843. Inauguration du chemin de fer international Belge-rhénan. Mm. 36.
Ae. t.b.c.

759 — En honneur des chemins de fer et des bateaux à vapeurs. *Le Génie
des Chemins de fer applanit les montagnes, comble les vallons* etc. Belle
médaille par Caqué. Mm. 47. Br. Belle et rare.

760 1843. Mort de **Pierre Simons**, ingénieur, traça les premiers plans du
chemin de fer belge. Mm. 49. Br. Belle.

761 1850. **François Joseph I** pose la première pierre pour un chemin de
fer. Son buste à g. par Fabris. Rev. L'empereur pose la pierre entouré
des dignitaires et bénit par le clergé. Mm. 58. Br. t.b.c.

762 1851. Chemin de fer de **Prague à Dresde**. Medaille par Seldan avec
l'*Altstaedter Brückenthurm*. Mm. 48. Br. b.c.

763 1835. Chemin de fer, Ballymena Ballymoney Coleraine and Portrush
Junction Railway. Free ticket for live décerné par *William Dorgan à
Wm. Francis Greene an original promotor of the company*. Mm. 35. Ar.
Belle. Rare.

764 1856. Chemim de fer de **Rome** aux provinces. Buste de **Pie IX** à dr.
Rev. Locomotive. Mm. 43. Ar. Belle.

www.ingramcontent.com/pod-product-compliance
Lightning Source LLC
LaVergne TN
LVHW021143200726
843510LV00001B/226